Vasanthalaxmi Reddy

Crianças institucionalizadas e criadas em família

Vasanthalaxmi Reddy

Crianças institucionalizadas e criadas em família

Problemas de saúde mental

ScienciaScripts

Imprint

Cover image: www.ingimage.com

This book is a translation from the original published under ISBN 978-620-2-06989-2.

Publisher:
Sciencia Scripts
is a trademark of
Dodo Books Indian Ocean Ltd. and OmniScriptum S.R.L publishing group

120 High Road, East Finchley, London, N2 9ED, United Kingdom
Str. Armeneasca 28/1, office 1, Chisinau MD-2012, Republic of Moldova, Europe
Printed at: see last page
ISBN: 978-620-8-24536-8

Índice

CAPÍTULO 1

CRIANÇAS CRIADAS EM FAMÍLIA E EM INSTITUIÇÕES

FAMÍLIA

"Não *há maior alegria do que uma família* "

A "família" é um conceito dinâmico que depende da época e da cultura em que vivemos. A noção de família tem frequentemente conotações ideológicas em várias culturas. As instituições sociais, as leis e a política de assistência social reflectem o conceito de família que serve de norma desejável à qual se espera que as vidas das pessoas se conformem. A família é, portanto, uma arena fundamental na interface entre os indivíduos e as comunidades em que vivem.

As famílias têm muitas formas e feitios. Podem ser alargadas (ou seja, incluir várias gerações) ou nucleares (constituídas apenas pelos pais e pelos filhos). Em muitos países, é cada vez mais comum que as famílias sejam constituídas por um progenitor solitário e um ou mais filhos (a família monoparental), ou que incluam filhos de casamentos anteriores (a "família madrasta"). Na sequência da epidemia de SIDA, aumentou o número de famílias nos países duramente atingidos pela SIDA que são constituídas apenas por crianças (a "família chefiada por crianças"). Quando os pais e outros familiares falecem, os irmãos mais velhos são obrigados a cuidar dos mais novos.

Existe um desejo universal de unidade entre as pessoas - queremos pertencer. É por isso que colaboramos, apoiamos causas comuns, torcemos por equipas desportivas, sentimos nacionalismo; é por isso que construímos aldeias, vilas e cidades. Para os mais afortunados entre nós, esse desejo começou com pais e irmãos amorosos num lar que era, em partes iguais, um refúgio e um laboratório para experimentarmos o nosso potencial, as nossas crenças e a nossa identidade. Aqueles que tiveram menos do que esta situação ideal enquanto cresciam ainda têm a capacidade de criar as suas próprias famílias. Podemos criar lugares onde as crianças se sintam amadas e apoiadas, onde lhes seja ensinado que esta vida reflecte o que já tivemos no céu e que as nossas famílias serão nossas para toda a eternidade.

Em sentido estrito, a família é constituída pelas pessoas que estão ligadas entre si, por nascimento ou casamento. A família pode ser dividida em família próxima e família alargada. A família próxima inclui o cônjuge, os pais e os irmãos, enquanto a família alargada inclui os sogros, os tios, as tias, os primos, etc.

Para algumas pessoas, os seus amigos também são considerados parte da família. As famílias são, afinal, bastante flexíveis: crianças e adultos podem ser adoptados e considerados como parte da família por uma série de razões. Há várias ocasiões na vida em que desejamos não ter quaisquer obrigações. Nessas alturas, perguntamo-nos porque é que uma família é importante. Para os principiantes, ela oferece-lhe as coisas mais importantes da vida - apoio, amor e um sentimento de pertença.

CONCEITO DE FAMÍLIA

A importância de pais fortes, famílias saudáveis e crianças bem ajustadas tem sido a base de grupos sociais fortes durante muitos anos. Estes aspectos da nação estável mudaram ao longo das últimas gerações. No fundo, perdemos o contacto com o conceito original de família e não o substituímos por um modelo diferente, quase destruindo o conceito no processo.

Algumas pessoas optaram por não casar; outras optaram por não ter filhos, enquanto outras optaram por relações entre pessoas do mesmo sexo. Além disso, a nossa sociedade mudou o seu conceito do que constitui uma família e estamos a ajustar os nossos pensamentos e comportamentos relativamente aos valores familiares. Nenhum modelo emergiu como o correto, pelo que continuamos a ter dúvidas quanto ao modelo que a sociedade deve seguir.

No entanto, é um facto conhecido que as nossas experiências familiares nos influenciam muito para além da infância. A interação familiar é a influência inicial e mais duradoura que cada um de nós conhecerá. A forma como vivenciamos os membros da nossa família, seja na presença ou na ausência, determina o que significa para nós ser um ser humano. Estas experiências formaram as crenças básicas e fundamentais sobre "quem somos e como nos comportamos".

A razão pela qual o modelo de sistemas familiares (que não é o mesmo que o modelo de família social) funciona para ajudar os indivíduos a definir as suas próprias vidas é que o foco concetual está no sistema familiar como um todo, e não num membro individual. Os sintomas individuais são vistos como subprodutos de lutas de relacionamento, situações que são inerentes ao crescimento num grupo de outras pessoas, quer sejam membros biológicos da família ou não.

DEFINIÇÕES DE FAMÍLIA

A palavra "família" remonta à palavra latina "familia". Esta palavra designava todo um agregado familiar: não só os pais e os filhos que formavam a família nuclear tradicional, mas também os empregados domésticos.

"A família é a unidade grupal natural e fundamental da sociedade e tem direito à proteção da sociedade e do Estado" (Nações Unidas, 1948).

A definição de "família" da sociedade está a expandir-se rapidamente e passou a incluir pais solteiros, casais birraciais, famílias mistas, indivíduos não aparentados que vivem em cooperação e casais homossexuais, entre outros. Infelizmente, a política da família tem sido lenta a acompanhar as tendências de mudança dos estilos de vida modernos" (Crawford, 1999).

"Em última análise, Stack (1996) definiu a 'família' como a rede mais pequena, organizada e duradoura de parentes e não parentes que interagem diariamente, suprindo as necessidades domésticas das crianças e assegurando a sua sobrevivência".

"A definição de família da sociedade expandiu-se para incluir 'pais solteiros, casais birraciais, famílias mistas, indivíduos não aparentados que vivem em cooperação e casais homossexuais, entre outros'" (Crawford, 1999 & Kenyon et al., 2003).

A maioria das utilizações da palavra família na investigação indica que esta era frequentemente definida como "cônjuge e filhos" ou "parentes no agregado familiar". Assim, "família", tal como definida em economia, sociologia e psicologia, era frequentemente uma combinação das noções de agregado familiar e parentesco... Uma exceção a esta definição padrão de família é a psicologia clínica e de aconselhamento, em que a família inclui a família de origem (pais e irmãos), para além do cônjuge e dos filhos" (Patterson, 1996; Rothausen, 1999).

"Existem diversos tipos de famílias, muitas das quais incluem pessoas ligadas pelo casamento, pela biologia ou pela adoção, bem como pessoas ligadas por afeto, obrigação, dependência ou cooperação" (Rothausen, 1999).

"McDaniel (2005) definiu a família como qualquer grupo de pessoas relacionadas biológica, emocional ou legalmente. Ou seja, o grupo de pessoas que o paciente define como significativo para o seu bem-estar".

"Uma família é constituída por duas ou mais pessoas, uma das quais é o chefe de família, relacionadas por nascimento, casamento ou adoção e que residem na mesma unidade de alojamento. Um agregado familiar é constituído por todas as pessoas que ocupam uma unidade de alojamento, independentemente da relação de parentesco. Um agregado familiar pode ser constituído por uma pessoa que vive sozinha ou por vários indivíduos ou famílias não aparentados que vivem juntos" (U.S. Census

Bureau, 2005).

"O National Institute of Mental Health (NIMH) adoptou a definição de 'rede de compromisso mútuo' para conotar as novas estruturas que são a realidade das famílias nos anos 90" (Pequengnat & Bray, 1997).

DIFERENTES TIPOS DE FAMÍLIAS NA ÍNDIA

As famílias na Índia podem ser vistas de diferentes pontos de vista e as classificações (Supriya Banerjee, 2014) assim obtidas são, de facto, de natureza variada. Devemos examinar os tipos de família de diferentes ângulos:

Do ponto de vista da estrutura:

> **Família simples, elementar ou nuclear:**

É composto pelos seguintes membros: um homem, a sua mulher e os filhos solteiros. É mais visível nas sociedades europeias e indianas modernas, bem como nas sociedades tribais como os Lodha, os Santal e os Oraon.

> **Família conjunta:**

Se duas ou mais famílias nucleares viverem juntas sob um abrigo comum, partilharem uma lareira comum e uma bolsa comum, este tipo de família é conhecido como família conjunta. A família conjunta hindu é o melhor exemplo deste tipo de família, em que vários irmãos uterinos vivem juntos. Nas sociedades Santal, Munda e Oraon, este tipo de família não é invulgar. A família conjunta pode dividir-se em famílias simples a qualquer momento, como acontece nas sociedades urbanas.

> **Família alargada:**

Quando se verifica que a família nuclear é alargada a todos os lados por certas adesões sob a forma de parentes de ambos os lados, isto é, do lado do marido e da mulher, então pode ser declarada como uma família alargada. Na maioria das sociedades patrilineares da Índia, encontramos este tipo de família em que podem viver os pais do ego, a sua irmã viúva com os filhos e até a irmã do pai viúvo. Estas pessoas são originárias de outras famílias nucleares mas, devido a circunstâncias adversas, foram obrigadas a viver na família do ego. É interessante notar que estas adesões não podem deixar esta família tão facilmente. Nas sociedades modernas e tribais, este tipo de família é raro de encontrar.

Do ponto de vista da relação de sangue:

- **Família de orientação:**

  É a família em que se nasce. A sua identidade nesta família é a de filho, a família paterna dos hindus e dos muçulmanos da Índia.

- **Família de procriação:**

  A família que se ajuda a constituir depois do casamento. A sua afiliação a esta família será como pai.

Do ponto de vista do casamento:

- **Família monogâmica:**

  Este tipo resulta da monogamia, ou seja, do casamento único entre dois adultos de sexos opostos. É o tipo de família mais comum nas sociedades avançadas e tribais da Índia.

- **Família poligínica:**

  A família que cresce em torno do poligenismo, ou seja, de múltiplos casamentos por parte de um homem. Antigamente, os zamindars hindus e os sultões muçulmanos tinham este tipo de família. Os casamentos múltiplos eram então o símbolo do prestígio e do estatuto social elevado em algumas sociedades específicas. Os brâmanes "Kulin" e os Kayasthas tinham este tipo de filiação familiar.

- **Família poliândrica:**

  A família que nasce da poliandria, ou seja, de múltiplos casamentos por parte de uma mulher, encontra-se entre os Todas das colinas de Nilgiri, no sul da Índia. A disparidade numérica entre os homens e as mulheres levou-os a optar por este tipo de casamento, devido ao cruel costume do infanticídio feminino praticado anteriormente. Quando os maridos são parentes, como irmãos, e se permanecem na mesma família, então pode ser chamado de família poliândrica fraterna. Maridos não aparentados com a sua esposa ou esposas da família poliândrica não-fraterna.

Com base na sucessão:

- **Família patrilinear:**

  A família em que a autoridade e a sucessão fluem através da linha masculina. Os filhos destas famílias vivem permanentemente na casa paterna e as filhas têm de a abandonar após o casamento. Devem viver em casa dos seus maridos. Os bens da família são partilhados pelos filhos. A filha não herda nada.

- **Família matrilinear:**

  A família cuja autoridade e sucessão fluem através da linha feminina, como entre os Khasi e os Garo. As filhas casadas e os seus maridos vivem na casa da mãe. Os filhos saem de casa após o casamento.

Com base na residência:

- **Família patrilocal:**

  Após o casamento, se a noiva for residir para a residência do pai do noivo, este tipo de família é conhecido como família patrilocal. Na maior parte das sociedades patrilineares, este tipo de família existe.

- **Família matrilocal:**

  Neste tipo de família, a mãe é a pessoa que detém o comando supremo e a posição seguinte é ocupada pelo irmão. Devido ao impacto da rápida modernização, o sistema matrilinear está atualmente em processo de desintegração, pelo menos em alguns aspectos da sua vida social.

- **Família neolocal:**

  Se o casal recém-casado se instala num novo apartamento sem qualquer ligação às famílias dos pais do marido e da mulher, então este tipo é conhecido como família neolocal. Na Bengala moderna e nalgumas sociedades tribais esclarecidas, encontramos este tipo de família.

> **Família Bilocal:**

Nalgumas sociedades, um casal pode viver com ou perto dos pais de um dos cônjuges. Esta regra de residência é designada por bilocal e, por conseguinte, a família será designada por família bilocal.

> **Família Avunculocal:**

Esta prescreve que um casal deve residir com um tio materno do noivo ou perto dele, em vez de residir com os pais de qualquer um dos cônjuges ou numa casa própria separada, como acontece entre os Nayars do Sul da Índia.

> **Família Matri-Patrilocal:**

Nalgumas sociedades, verifica-se que o marido vai viver para a casa da mulher depois do casamento, mas alguns anos mais tarde ou depois do nascimento do primeiro filho, o marido vai para a casa dos seus próprios pais com a mulher e os filhos para aí viver permanentemente. Este tipo de família é encontrado entre os Chenchus de Andhra Pradesh.

PORQUE É QUE A FAMÍLIA É IMPORTANTE NA VIDA

Todos nós conhecemos o papel ideal de uma família. É em casa que se aprende a andar e a falar. Partilhamos expressões de amor. É através da vida familiar que aprendemos (propositadamente ou inadvertidamente) os hábitos, as reacções emocionais, as obrigações e os valores que começarão a moldar o nosso eu adulto.

Imagine um bebé recém-nascido: pequeno e bonito, mas incapaz de comer, de se manter quente, de encontrar proteção ou mesmo de se deslocar sozinho de um lugar para outro. Fazer parte de uma família é uma grande responsabilidade. É humilhante quando nos apercebemos de que a nossa família na Terra segue o modelo da nossa família no Céu. Somos filhos de Pais divinos, que também nos dão um mundo físico e todas as suas recompensas. O nosso Pai tem o poder de nos proteger, embora, tal como os pais mortais, por vezes se afaste e nos permita aprender com as consequências das nossas próprias decisões e acções. E, finalmente, dá-nos regras (ou mandamentos) que podem ensinar-nos as capacidades, os hábitos e os valores que continuarão a moldar o nosso ser espiritual.

A nossa família pode ser o que nós fizermos dela: pode ser constituída apenas por parentes de sangue ou pode incluir também amigos próximos. Desde a promoção do seu crescimento interior até ao apoio financeiro, a sua família ajudá-lo-á a atingir todos os seus objectivos. Quando temos a nossa família ao nosso lado, nunca precisamos de sentir que estamos sozinhos quando saímos para o mundo. Há sempre uma equipa inteira de pessoas por trás de si que querem o melhor para si e que estarão sempre disponíveis quando precisar de alguém para falar ou de uma mão amiga.

1. Suporte e segurança

Quer esteja a candidatar-se a um novo emprego ou apenas a ultrapassar uma separação difícil, não há como negar que é muito mais fácil quando tem a sua família para o apoiar com o seu amor e carinho. A sua família vai aumentar a sua autoestima, aconteça o que acontecer, graças ao seu amor incondicional por si!

A sensação de medo existe em cada ser humano; cada um de nós deve sentir-se seguro. A família dá-nos proteção. A força dos membros da família não é importante; uma família nuclear ou talvez uma família conjunta oferece-nos uma sensação de segurança. Isso deve-se ao facto de sabermos que a nossa família estará ao nosso lado, independentemente de qualquer coisa.

2. Eles amam-nos e compreendem-nos

Tal como os requisitos básicos, o ser humano também tem várias necessidades emocionais, cuja satisfação é essencial para a felicidade física e mental. Todos precisam de afeto, compreensão, sentimento de pertença, amor, etc. A família oferece-nos tudo isto.

A nossa família compreende os nossos hábitos e conhece as provações por que passámos ao longo da nossa vida. É claro que, por vezes, os nossos maneirismos também podem ser um pouco divertidos para os outros membros da família!

3. Protege de influências externas

A pressão dos pares pode ter um impacto substancial tanto nos adolescentes como nos adultos. Quando os indivíduos tentam levar outras pessoas a fazer coisas que não são moralmente corretas, fazem um esforço para penetrar nos valores familiares. Isto significa que, se alguém possui uma forte perceção do que é correto e do que é errado devido aos valores com que foi educado, é mais improvável que sofra influências desviantes.

4. Dar à Terra um centro

Não importa por onde andemos, sabemos sempre que temos um lar para onde voltar - o lar da nossa família. Isso significa que nunca estamos sozinhos no mundo e que temos sempre um sítio para onde ir, aconteça o que acontecer. Por vezes, este sentimento de lar é legal e financeiramente cimentado com a propriedade partilhada (conjunta) da casa.

5. Ajuda a criar um filho

A família desempenha um papel importante na educação da criança. Os nossos entes queridos podem ajudar-nos a criar uma criança. Se estivermos em estreito contacto com a nossa família, será muito mais fácil ajudarmos o nosso filho a crescer saudável e feliz. Não teremos apenas um par de pessoas a cuidar do nosso filho; teremos muitas pessoas. Os membros da nossa família tomarão conta do nosso filho quando estivermos doentes ou ausentes, e ajudar-nos-ão a lidar com o nosso filho quando as coisas estiverem difíceis. Embora educar os filhos nunca seja simples, ter relações familiares fortes torna tudo muito mais simples.

6. Ajudas para tomar decisões

Os valores familiares afectam as decisões que as pessoas tomam, tanto na estrutura familiar como fora dela. Decidir sobre temas cruciais pode ser um desafio, e as pessoas podem sentir-se desamparadas se não souberem qual o caminho a seguir. Consequentemente, ter valores familiares fortes ajuda as pessoas a tomar as decisões corretas na vida.

7. Ajudam a fazer de nós o que somos

Seja dando os primeiros passos na educação (como aprender a ler e a escrever) ou incutindo-lhe valores morais, a sua família pode moldar a sua personalidade e crenças durante muitos anos. Muitas pessoas dizem que as palavras amáveis e sábias da família ajudaram a torná-las num ser humano melhor.

INSTITUIÇÕES

Em todos os continentes, as crianças são enviadas para lares de crianças ou outros tipos de instituições, onde passam grande parte da sua infância. Muitas crianças e adolescentes passam a vida a alternar entre as instituições e a rua. A pobreza, as famílias desestruturadas, a doença e a morte na família podem ser razões pelas quais as crianças são colocadas em instituições.

Há muito que existem provas científicas de que as crianças são prejudicadas pela vida institucional. Embora este seja um facto conhecido, existem atualmente no mundo entre oito e dez milhões de crianças a viver em vários tipos de instituições. A tendência para colocar crianças em instituições parece estar a aumentar, em vez de diminuir.

Não existe uma definição geral do conceito de "instituição para crianças". No entanto, as instituições para crianças têm em comum o facto de oferecerem cuidados residenciais permanentes em que as crianças vivem separadas das suas famílias. A dimensão e a organização destas instituições, bem como o conteúdo dos cuidados institucionais, variam muito.

As caraterísticas da "instituição total" - termo utilizado para designar as instituições mais fechadas e isoladas - são o facto de toda a vida da criança, isto é, a educação e o trabalho, os tempos livres e o sono, se desenrolar aí, e o facto de a instituição estar muito isolada e isolada do resto da comunidade.

As instituições são geralmente caracterizadas por deficiências psicossociais que envolvem mudanças frequentes de prestadores de cuidados ao longo do tempo, baixos níveis de interação social cuidador-criança e prestação de cuidados que é geralmente impessoal, rotineira e superficial, em vez de calorosa, afectuosa, emocionalmente solidária e contingentemente reactiva (Gunnar 2001).

As crianças institucionalizadas são aquelas que não têm pais permanentes, um grupo que inclui os "verdadeiros órfãos" que não têm pais vivos e os "órfãos sociais" que têm pelo menos um pai vivo que pode ser incapaz, não querer ou não estar apto a criar a criança.

Embora seja impossível obter números exactos (Engle et al., 2011), estima-se que 163 milhões de crianças em 93 países não têm pais permanentes (UNAIDS, UNICEF, & USAID, 2004). A grande maioria vive em aldeias, em grupos de parentesco, em campos de refugiados, na rua e numa variedade de outros tipos de cuidados formais e informais (Engle et al., 2011), mas cerca de 2 a 8 milhões (Human Rights Watch, 1999; USAID, 2009) vivem em instituições, principalmente na Europa de Leste, América Latina, Ásia e África. Embora as crianças institucionalizadas - normalmente a viver em orfanatos, mas por vezes em hospitais e outras instalações residenciais - representem uma pequena fração das crianças sem pais permanentes, as crianças criadas, adoptadas ou acolhidas em tais instituições tornaram-se objeto de um estudo substancial nos últimos anos.

A história da Índia é uma história de crescimento, ganhos e lacunas. Com uma economia que vai de vento em popa, beneficiando do dividendo demográfico de uma força de trabalho jovem e em crescimento, esta maior democracia do mundo é também o lar do maior número de crianças do mundo. No entanto, milhares destas crianças estão a ser negligenciadas e "muitas crianças com menos de 14 anos trabalham em profissões perigosas" (Save the Children, 2016). A Índia é o lar de quase 19% das crianças do mundo. Dos 430 milhões de crianças do país na faixa etária dos 0-18 anos, cerca de 270 milhões estão na faixa etária dos 6-18 anos. Cerca de 40% destas crianças encontram-se em circunstâncias difíceis, incluindo crianças sem família, crianças vítimas de tráfico, crianças de rua e crianças vítimas da droga, de catástrofes e de distúrbios civis (Das & Munka, 2011). De acordo com um estudo realizado em 2011 pela SOS Children's Villages of India - uma instituição de caridade de primeira linha que gere uma cadeia de Aldeias de Crianças em toda a Índia - a população de crianças órfãs no país era de cerca de 20 milhões e aproximadamente 4% são órfãos (Chauhan, 2011). A secção seguinte destaca o cenário do abuso e da adoção de crianças na Índia.

A NATUREZA DOS CUIDADOS INSTITUCIONAIS

O acolhimento institucional de crianças abandonadas e órfãs é amplamente utilizado em países com diferentes contextos étnicos, culturais e económicos, e a sua natureza pode variar não só entre países, mas também dentro de cada país. Idealmente, uma análise da natureza dos cuidados institucionais basear-se-ia em avaliações sistemáticas desses ambientes; no entanto, essas avaliações são raras.

Classificação das instituições

Com base nestes relatos, Gunnar (2001) classificou as instituições em três níveis, com base na qualidade dos cuidados que prestam: (1) Instituições caracterizadas pela privação global das necessidades da criança em termos de saúde, nutrição, estimulação e relacionamento; (2) Instituições com apoio adequado em termos de saúde e nutrição, mas com privação das necessidades da criança em termos de estimulação e relacionamento; e (3) Instituições que satisfazem todas as necessidades, exceto no que se refere a relacionamentos estáveis e de longo prazo com cuidadores consistentes. Logicamente, é possível acrescentar um quarto nível, nomeadamente um ambiente institucional que proporciona cuidados estáveis e consistentes e que apenas priva as crianças de uma vida familiar regular inserida num ambiente social regular.

As instituições do tipo casa de pequenos grupos, como as descritas por Wolff e Fesseha (2005), podem ser vistas como representando este quarto nível de ambiente institucional. Algumas Aldeias de Crianças SOS estruturadas como um conjunto de casas de família com 6 a 8 crianças em cada casa e dirigidas pelo mesmo prestador de cuidados durante 24 horas; 7 dias por semana podem também ser um exemplo deste ambiente institucional quase "ideal", mas ao mesmo tempo muito dispendioso.

Apesar da variabilidade de cuidados que se pode encontrar entre as instituições, é possível fazer uma descrição composta do que é típico. A narrativa que se segue não é um relatório de uma instituição em particular, mas combina vários relatos para dar ao leitor uma melhor noção do que é comum no meio da considerável heterogeneidade dos cuidados institucionais

PORQUE É QUE AS CRIANÇAS SÃO ENVIADAS PARA INSTITUIÇÕES?

A velha palavra "orfanato", que significa um lar para crianças sem pais, é enganadora. É evidente que as crianças em instituições que não têm pais constituem apenas uma pequena percentagem. Os inquéritos sobre a situação familiar das crianças em lares de crianças, tanto na Ásia como na América Latina, revelam que 90% têm um ou ambos os pais vivos. Na Europa de Leste, estima-se que apenas 2 a 3% das crianças em instituições são órfãs. A exceção são os países onde a guerra ou as catástrofes naturais causaram a morte de um ou de ambos os pais. Algumas crianças que crescem em instituições perderam um ou ambos os pais, mas a maioria é colocada em instituições por outras razões.

Algumas destas razões são as seguintes.

- Pobreza

A pobreza é a razão mais comum para as crianças viverem em instituições. O Programa das Nações Unidas para o Desenvolvimento (PNUD) calcula que um quinto da população mundial vive com menos de um dólar americano por dia. Deste grupo de pessoas mais pobres, cerca de 600 milhões são crianças. No entanto, a pobreza não significa apenas falta de recursos económicos. A pobreza é também uma questão de doenças, epidemias e problemas de saúde.

A pobreza é violência e insegurança. Ser pobre significa ter poucas ou nenhumas possibilidades de criar um futuro seguro para si próprio e para os seus filhos. Um estudo realizado na África Austral pode servir de exemplo para mostrar a relação entre a pobreza e a colocação numa instituição quando se é criança. Os resultados deste estudo mostraram que, em termos gerais, havia duas razões para os pais colocarem os seus filhos em instituições: a pobreza e o facto de a instituição oferecer educação. Os pais eram pobres e não tinham condições para sustentar os seus filhos. Também não viam qualquer possibilidade de dar aos seus filhos um futuro melhor do que aquele que eles próprios tinham. A instituição, por outro lado, podia oferecer às crianças tanto a subsistência como a educação básica. A principal intenção dos pais não era abandonar os seus filhos, mas sim dar-lhes melhores condições de vida do que as que eles próprios eram capazes de proporcionar.

- Guerra e agitação social

No caos que surge com a guerra, a guerra civil, as catástrofes naturais e a agitação política, quando as pessoas são obrigadas a fugir das suas casas, as crianças são as mais afectadas. Podem perder um ou ambos os pais e podem ser separadas dos seus pais e familiares. Estas crianças encontram-se numa situação em que necessitam urgentemente de cuidados. Estes cuidados são geralmente prestados através de soluções temporárias adoptadas pelas autoridades, tais como a utilização de instituições existentes ou a abertura de novas instituições temporárias para proporcionar, pelo menos, um abrigo às crianças.

- ***VIH e SIDA***

O número de crianças que perderam um ou ambos os pais devido à SIDA ultrapassou os 13 milhões em 2000. A maioria destas crianças vive em África, onde a coesão familiar ainda é forte e o número de lares de crianças é reduzido. A maioria destas crianças continua a ser cuidada pelos avós, tias e outros familiares. Apenas 1 por cento acabou na rua ou em instituições. Esta rede social é agora como um elástico que está a ser esticado até ao ponto de rutura. As gerações mais velhas já não conseguem tomar conta de mais crianças; as tias têm por vezes a responsabilidade de 15 a 20 crianças, e muitas pessoas consideram que é apenas uma questão de tempo até que a rede entre em colapso. Estes países enfrentam agora a tarefa de desenvolver a assistência comunitária às crianças cujos pais morrem de SIDA.

- ***Mudanças sociais rápidas***

Uma tendência geral na maioria dos países do mundo é a urbanização. As pessoas estão a migrar cada vez mais das zonas rurais para as zonas urbanas. A pobreza, o desemprego e as más condições de habitação urbana estão a agravar a pressão sobre as famílias. O número de divórcios está a aumentar, o que, por sua vez, significa também um número crescente de famílias monoparentais. Em todo o mundo, as mulheres solteiras contam-se entre os indigentes.

As antigas estruturas de segurança social - familiares e vizinhos - estão a desintegrar-se e a deixar um vazio. As famílias estão cada vez mais sozinhas e alguns pais não conseguem lidar com esta nova situação. As crianças são abandonadas, ou elas próprias abandonam as suas famílias.

- ***Violência e agressão***

Por vezes, as crianças abandonam as suas famílias. Não raramente, isto aplica-se a raparigas sujeitas a agressões sexuais ou a outro tipo de violência doméstica, ou a crianças que são exploradas de outras formas. Os abusos, os problemas de saúde mental ou os cuidados parentais inadequados podem ser outras causas. Estas crianças abandonam as suas famílias e dirigem-se para as grandes cidades, onde muitas vezes iniciam uma vida na rua ou são colocadas em instituições.

O comportamento das crianças pode então servir de base para a intervenção das autoridades. A criminalidade, o abuso de álcool e de substâncias e o comportamento antissocial são razões que justificam o envio de crianças para instituições

- ***Crianças com deficiência***

De todos os bebés nascidos, cerca de 7% são portadores de deficiência. Este grupo de crianças representa uma percentagem desproporcionadamente elevada das crianças colocadas em instituições. Há muitas razões para os pais colocarem os seus filhos com deficiência em instituições. Nalgumas culturas, o facto de ter dado à luz uma criança com deficiência constitui um estigma. O isolamento social é uma das consequências que afectam tanto os pais como a criança quando esta última tem uma deficiência. Os pais não esperam receber qualquer ajuda, quer para a criança, quer para eles próprios. Em muitas partes do mundo, há grandes dificuldades em obter acesso à educação para crianças com deficiência, a não ser colocando-as em instituições.

- **A** ***atração das instituições***

As instituições representam simultaneamente um recurso e uma opção nos países pobres. Para os pais, o facto de colocarem os filhos numa instituição é muitas vezes uma estratégia de sobrevivência que utilizam para sair de uma situação desesperada. Na instituição, as crianças recebem supervisão, alimentação e educação. A instituição alivia os pais do ónus de sustentar a família, aumentando assim a capacidade de sobrevivência dos irmãos da criança que permanecem em casa.

O papel da instituição como local de trabalho e fonte de rendimento para os trabalhadores é outro fator que contribui para a preservação das instituições. Em países onde o desemprego é elevado na população, as instituições têm um papel fundamental adicional na comunidade: o de proporcionar oportunidades de emprego. Embora o trabalho nas instituições tenha um estatuto baixo e os salários sejam magros, os empregados têm a garantia de um sustento contínuo. Desta forma, os funcionários, os políticos locais e outros que exercem o poder podem ter interesse na existência continuada da instituição - um interesse que entra em conflito com os direitos da criança.

CAPÍTULO 2

DESEMPENHO ACADÉMICO E AUTO-CONCEITO DAS CRIANÇAS

O lar é a primeira escola da criança e a criança é influenciada pelo ambiente doméstico. Segundo Hammer (2003), o ambiente em casa é tão importante como o que se passa na escola. Entre os factores importantes contam-se o envolvimento dos pais na educação dos filhos, o quanto os pais lêem para os filhos pequenos e a frequência com que os alunos mudam de escola. A diferença de resultados não tem apenas a ver com o que se passa quando os alunos entram na sala de aula. Tem também a ver com o que lhes acontece antes e depois da escola. Os pais e os professores têm um papel crucial a desempenhar para garantir que todas as crianças tenham um bom aproveitamento escolar. A influência dos pais foi identificada como um fator importante que afecta o desempenho dos alunos. Os resultados indicam que a educação e o encorajamento dos pais estão fortemente relacionados com a melhoria dos resultados dos alunos (Wang, Wildman, & Calhoun, 1996). Schiefelbaum e Simmons (Adell, 2002) consideram que o contexto familiar é o fator mais importante e de maior peso na determinação do desempenho académico do aluno. Entre os factores familiares de maior influência encontram-se as variáveis de classe social e o ambiente educativo e familiar.

Foram institucionalizados na primeira infância e passaram a grande maioria das suas vidas, pelo menos durante a idade escolar, em instituições. Tinham sido retiradas das suas famílias biológicas sobretudo devido a maus tratos e a problemas de alcoolismo dos pais. A investigação sobre crianças institucionalizadas tem demonstrado consistentemente que a institucionalização tem um impacto negativo em todos os aspectos do desenvolvimento da criança (intelectual, físico, comportamental e sócio-emocional) e está associada a uma variedade de problemas de desenvolvimento e comportamentais durante e após a residência (Attar-Schwartz, 2008; MacLean, 2003). Por exemplo, Morison e Ellwood (2000) descobriram que as crianças institucionalizadas obtiveram pontuações mais baixas em comparação com outras crianças em todas as medidas cognitivas. Thompson (2001) constatou que as crianças anteriormente institucionalizadas obtiveram uma pontuação baixa em medidas de competências sociais. Rahman, Khaleque e Rahman (2000) referiram que os alunos do ensino secundário criados em instituições tinham um objetivo de vida e um autoconceito mais baixos do que os alunos que foram criados em casa. Um estudo efectuado por Kjelsberg e Nygren (2004) indicou uma elevada prevalência de problemas emocionais e comportamentais entre as crianças e os adolescentes em instituições de acolhimento residencial na Noruega. Embora vários estudos tenham demonstrado que a maior duração da institucionalização precoce aumenta a probabilidade de as crianças virem a ter problemas graves na idade pré-escolar ou na adolescência (Beckett et al., 2006; O'Connor & Rutter, 2000), as conclusões sobre as associações entre o tempo de permanência no acolhimento residencial e os resultados da criança são inconsistentes. Alguns estudos não registam qualquer associação. Outros estudos encontraram uma associação negativa entre o tempo de permanência e certos aspectos do funcionamento da criança (Attar-Schwartz, 2008). Nomeadamente, o QI mais baixo, o desempenho académico mais baixo, mais problemas comportamentais e mais dificuldades de atenção têm sido consistentemente relacionados com a duração da institucionalização. Ao mesmo tempo, em termos de vinculação, a associação não foi encontrada, e há discordância entre os estudos sobre a relação entre a duração da institucionalização e a amizade indiscriminada (MacLean, 2003).

O auto-conceito é um tema central em torno do qual se organiza um grande número de aspectos importantes da personalidade. A sua importância decorre da influência que exerce sobre a qualidade do comportamento de uma pessoa e a sua adaptação à vida e às situações. Segundo Rogers (1951), o autoconceito ou estrutura do eu é "uma configuração organizada de percepções do eu que são admissíveis à consciência". É o conceito nuclear da personalidade, concebido como resultado da interação do indivíduo com o seu ambiente. O termo auto-conceito refere-se ao conjunto ordenado de atitudes e percepções que um indivíduo tem sobre si próprio (Wolffe 2000; Woolfolk 2001 e Tutteland Tuttel 2004). O autoconceito é definido como o valor que um indivíduo atribui às suas próprias caraterísticas, qualidades, capacidades e acções (Woolfolk 2001).

O rendimento académico é o grau de aprendizagem académica de uma pessoa (Neghad & Shahraray,

2001). O rendimento académico dos estudantes é o principal indicador na avaliação da educação (Paiziet al, 2000, Gholami et al, 2005). Embora a inteligência e o talento sejam os factores mais importantes e determinantes da aprendizagem dos estudantes, existem outros factores para além destes factores essenciais e eficazes. Por vezes, alunos com as mesmas capacidades não conseguem atingir os mesmos objectivos.

Foram efectuados muitos estudos sobre o desenvolvimento cognitivo das crianças criadas em instituições, problemas de comportamento, qualidade da vinculação, etc. (para uma análise, ver McCall, 1999). Por exemplo, Morison e Ellwood (2000) descobriram que as crianças de orfanatos obtinham resultados mais baixos do que as outras crianças em todas as medidas cognitivas, e o seu estado de desenvolvimento cognitivo estava negativamente relacionado com o tempo passado na instituição. Do mesmo modo, um estudo de Rahman, Khaleque e Rahman (2000) indicou que os alunos criados em orfanatos tinham um objetivo de vida e um conceito de si próprios inferiores aos dos alunos criados em casa. Sloutsky (1997) referiu que as crianças do jardim de infância tinham um nível mais elevado de inteligência e um nível mais elevado de empatia, mas um nível mais baixo de conformidade do que as crianças criadas num orfanato.

METODOLOGIA

Declaração do problema

Avaliar os resultados académicos e o autoconceito dos adolescentes criados em instituições e em família.

Objectivos:

1. Estudar o desempenho académico e o autoconceito dos adolescentes criados em instituições e em família.
2. Avaliar a relação entre os resultados académicos e o autoconceito dos adolescentes criados em instituições e em família.
3. Comparar os resultados académicos e o autoconceito dos adolescentes criados em instituições

e em família.

Hipóteses:

1. Não haverá diferença significativa no desempenho académico e no autoconceito das crianças criadas em instituições e das crianças criadas em família.
2. Não haverá uma relação significativa entre o desempenho académico e o autoconceito das crianças criadas em instituições e das crianças criadas em família.
3. Haverá uma relação significativa entre o rendimento académico e o autoconceito das crianças.

Amostra

A amostra do presente estudo incluiu 100 adolescentes, dos quais foram selecionados 50 adolescentes criados em instituições e 50 adolescentes criados em família, com idades compreendidas entre os 14 e os 16 anos, no distrito de Kalaburagi, no Estado de Karnataka, na Índia.

Ferramentas:

-Questionário de auto-conceito

O questionário de auto-conceito desenvolvido por Saraswat, R.K. (1984) incluía quarenta e oito itens com seis dimensões, nomeadamente 1. Social 2.Física 3. Temperamental 4. Educacional 5. Moral e 6. Intelectual, cada dimensão é composta por 8 itens. Tem uma escala de Likert de cinco pontos. Uma pontuação elevada indica um autoconceito mais elevado, enquanto uma pontuação baixa indica um autoconceito baixo. A fiabilidade obtida pelo método de teste-reteste é de 0,91. Os coeficientes de fiabilidade das suas várias dimensões variam entre 0,67 e 0,88. A validade de conteúdo e de construção do questionário foi estabelecida de forma satisfatória.

-Desempenho académico

As notas obtidas nos exames serão consideradas como indicadores do desempenho académico.

RESULTADOS E DISCUSSÃO

Tabela N.º 1: Apresenta a média, o desvio padrão e o valor 't' das crianças criadas pela família e pelas instituições no que respeita ao desempenho académico e ao autoconceito.

Variables	Style of rearing		't'-value
	Family reared children	Institution reared children	
The academic achievement	72.84 (SD=8.47)	59.10 (SD=8.58)	8.05**
Self-concept	182. 06 (SD=24.66)	163.58 (SD=14.14)	4.59**

**Significativo ao nível de 0,01

A pontuação média obtida no desempenho académico para as crianças educadas em família foi de 72,84 (DP=8,47) e para as crianças educadas em instituições foi de 59,10 (DP=8,58). O valor 't' obtido de 8,05 mostra uma diferença altamente significativa (ao nível de 0,01) entre os dois grupos. Isto significa que as crianças educadas em família são superiores às crianças educadas em instituições no que diz respeito ao desempenho académico. Por conseguinte, rejeita-se a hipótese nula de que não existe uma diferença significativa entre as crianças educadas na família e as crianças educadas na instituição no que se refere ao rendimento académico. À semelhança dos resultados anteriores, as conclusões de Schiefelbaum e Simmons (Adell, 2002) revelaram que o contexto familiar é o fator mais importante e de maior peso na determinação do desempenho académico do estudante.

A pontuação média obtida sobre o auto-conceito para as crianças educadas em família foi de 182,06 (DP= 24,66) e para as crianças educadas em instituições foi de 163,58 (DP=14,14). O valor obtido de 4,59 mostra uma diferença altamente significativa (ao nível de 0,01) entre os dois grupos. Isto significa que as crianças educadas na família têm um auto-conceito mais elevado do que as crianças educadas na instituição. Por conseguinte, rejeita-se a hipótese nula de que não existe uma diferença significativa entre as crianças educadas na família e as crianças educadas na instituição no que respeita ao autoconceito. Do mesmo modo, um estudo de Rahman, Khaleque e Rahman (2000) indicou que os estudantes criados em orfanatos tinham um objetivo de vida e um autoconceito inferiores aos dos estudantes criados em casa.

Tabela No.2: Mostra a correlação entre o autoconceito e o rendimento académico das crianças.

Variables	'r'-value
Self-concept	.423**
Academic achievement	

** A correlação é significativa ao nível de 0,01 (bicaudal).

O autoconceito tem uma relação positiva muito significativa (ao nível de 0,01) com o rendimento académico (r.423). Isto significa que um elevado autoconceito conduziria a melhores resultados académicos das crianças.

CONCLUSÃO:

1. Existe uma diferença significativa no auto-conceito das crianças criadas em família e das crianças criadas em instituições.
2. Existe uma diferença significativa entre os resultados académicos das crianças educadas em família e os das crianças educadas em instituições.
3. Existe uma relação significativa entre o autoconceito e os resultados académicos das crianças.

CAPÍTULO 3

SAÚDE MENTAL E NECESSIDADES DE ORIENTAÇÃO

Historicamente, as instituições têm sido a forma mais comum de cuidar de crianças órfãs e abandonadas em todo o mundo, e continuam a sê-lo atualmente. Devido ao facto de a criação em instituições envolver frequentemente privações sociais e até materiais, há mais de 50 anos que se observam perturbações do crescimento, do desenvolvimento cognitivo e da linguagem, bem como níveis mais elevados de comportamentos problemáticos entre as crianças criadas em instituições (MacLean, 2003; Zeanah, Smyke, & Settles, 2006).

As crianças pequenas são frequentemente colocadas em instituições de acolhimento em todo o mundo. Isto acontece apesar do amplo reconhecimento de que os cuidados institucionais estão associados a consequências negativas para o desenvolvimento das crianças (Carter, 2005; Johnson, Browne e Hamilton-Giachritsis, 2006). Por exemplo, as crianças pequenas acolhidas em instituições têm maior probabilidade de sofrer de problemas de saúde, de subdesenvolvimento físico e de deterioração do crescimento cerebral, de atraso no desenvolvimento e de perturbações emocionais relacionadas com a vinculação. Consequentemente, estas crianças têm capacidades intelectuais, sociais e comportamentais reduzidas em comparação com as que crescem numa casa de família.

A orientação é uma atividade generalizada na qual participam muitas pessoas e organizações. É proporcionada aos indivíduos pelos seus pais, familiares e amigos e pela comunidade em geral através de várias agências educativas, industriais, sociais, religiosas e políticas. Uma parte dessa orientação pode consistir em fornecer informações que permitam aos outros aumentar o âmbito do seu comportamento exploratório. A adolescência e o ensino secundário podem ser muito stressantes com todas as mudanças físicas, psicológicas e sociais que ocorrem. A preparação e a orientação podem ter um grande significado no apoio aos jovens durante este período difícil. A adolescência e o ensino secundário podem ser muito stressantes com todas as mudanças físicas, psicológicas e sociais que ocorrem. A preparação e a orientação podem significar muito no apoio aos jovens durante este período difícil.

A OMS incluiu o bem-estar mental na definição de saúde. A OMS define a saúde como: Um estado de completo bem-estar físico, mental e social e não apenas a ausência de doença ou enfermidade (OMS, 2001). Desta definição decorrem três ideias centrais para a melhoria da saúde: a saúde mental é uma parte integrante da saúde, a saúde mental é mais do que a ausência de doença e a saúde mental está intimamente ligada à saúde física e ao comportamento. A definição de saúde mental é importante, embora nem sempre seja necessária para alcançar a sua melhoria. As diferenças de valores entre países, culturas, classes e géneros podem parecer demasiado grandes para permitir um consenso sobre uma definição (OMS 2001b). No entanto, tal como a idade ou a riqueza têm muitas expressões diferentes em todo o mundo e, no entanto, têm um significado universal de senso comum, também a saúde mental pode ser conceptualizada sem restringir a sua interpretação entre culturas. A OMS propôs recentemente que a saúde mental é Um estado de bem-estar em que o indivíduo se apercebe das suas próprias capacidades, consegue lidar com as tensões normais da vida, pode trabalhar de forma produtiva e frutuosa e é capaz de dar um contributo para a sua comunidade (OMS 2001a).

METODOLOGIA

Objetivo do estudo

Avaliar o estado de saúde mental e as necessidades de orientação das crianças criadas em instituições e das crianças criadas em família.

Objectivos

1. Estudar o estado de saúde mental e as necessidades de orientação das crianças criadas em instituições e das crianças criadas em família.
2. Avaliar a relação entre as necessidades de orientação e o estado de saúde mental dos adolescentes.
3. Comparar as necessidades de orientação e o estado de saúde mental dos adolescentes que

representam crianças criadas em instituições e crianças criadas em família.

Hipóteses

1. Não haverá diferença significativa nas necessidades de orientação entre crianças criadas em instituições e crianças criadas em família.
2. Não haverá diferença significativa no estado de saúde mental das crianças criadas em instituições e das crianças criadas em família.
3. Não haverá uma relação significativa entre as necessidades de orientação e o estado de saúde mental das crianças criadas em instituições e das crianças criadas em família.

Amostra

A amostra do presente estudo incluiu 100 adolescentes, dos quais foram selecionados 50 adolescentes criados em instituições e 50 adolescentes criados em família, com idades compreendidas entre os 14 e os 16 anos, no distrito de Kalaburagi, no Estado de Karnataka, na Índia.

Instrumentos de avaliação

-Inventário das necessidades de orientação

A escala do inventário das necessidades de orientação (Grewal, 1982) foi utilizada para avaliar as necessidades de orientação sentidas em cinco domínios diferentes: físico, social, psicológico, educativo e profissional dos adolescentes que estudam no ensino secundário. A fiabilidade do teste-reteste foi estimada em 0,82, sendo aplicada a um grupo de cinquenta estudantes durante um intervalo de quatro semanas.

-Bateria de saúde mental

A bateria de saúde mental foi desenvolvida por Arun Kumar Singh e Alpana Sen Gupta (2005). Esta bateria é composta por 130 itens, com 6 dimensões: estabilidade emocional (EM), ajustamento global (OA), autonomia (AY), insegurança (SI), autoconceito (SC) e inteligência (IG). As dimensões Estabilidade emocional (EM), Ajustamento global (OA), Insegurança em relação à segurança (SI) e Autoconceito (SC) devem ser respondidas como Sim/Não. Existem duas alternativas para a dimensão

Autonomia (AY), devendo ser escolhida uma. Há quatro alternativas para a dimensão Inteligência (IG), que devem ser selecionadas.

RESULTADOS E DISCUSSÃO

Os objectivos do presente estudo consistiam em analisar a diferença entre os estudantes da família e da instituição no que respeita às necessidades de orientação e à saúde mental.

Tabela No.l: Mostra a média, o DP e o valor 't' das crianças criadas em família e em instituições sobre as necessidades de orientação

Variables	Family Rearing		Institution Rearing		t-value
	Mean	SD	Mean	SD	
Physical	14.14	7.23	11.54	4.48	2.15*
Social	30.72	10.77	17.48	4.88	7.91**
Psychological	30.28	9.73	16.04	4.96	9.21**
Educational	34.66	14.38	17.96	5.60	7.64**
Vocational	14.50	18.57	8.02	3.91	4.86**
Total guidance needs	124.30	16.05	71.04	16.05	9.26**

* Significativo ao nível de 0,05 ** Significativo ao nível de 0,01

As pontuações médias obtidas na primeira área do total das necessidades de orientação, ou seja, a área física, para a amostra da família foi de 14,14 (DP=7,23) e para a amostra da instituição foi de 11,54 (DP=4,48). O valor 'f' obtido de 2,15 implica que existe uma diferença estatisticamente significativa (ao nível de 0,05) entre estes dois grupos. Por conseguinte, rejeita-se a hipótese nula de que não existe uma diferença significativa entre as crianças criadas em família e as criadas numa instituição no que respeita às necessidades de orientação na área física.

As pontuações médias obtidas na segunda área do total das necessidades de orientação, ou seja, a área social para a amostra familiar foi de 30,72 (DP=10,77) e para a amostra institucional foi de 17,48 (DP=4,88). O valor 'f' obtido de 7,91 implica que existe uma diferença estatisticamente significativa (ao nível de 0,01) entre os dois grupos. Por conseguinte, rejeita-se a hipótese nula de que não haverá diferença significativa entre os grupos de crianças criadas em família e em instituições na área social das necessidades de orientação.

A média das pontuações obtidas na terceira área do total das necessidades de orientação, ou seja, a área psicológica, para a amostra familiar foi de 30,28 (DP=9,73) e para a amostra institucional foi de

16,04 (SD=4,96). O valor 't' obtido de 9,21 implica que existe uma diferença estatisticamente significativa (ao nível de 0,01) entre os dois grupos, o que significa que o grupo da família é superior ao grupo da instituição na área psicológica. Por conseguinte, rejeita-se a hipótese nula de que não existe uma diferença significativa entre o grupo da família e o grupo da instituição no domínio psicológico das necessidades de orientação.

As pontuações médias obtidas na quarta área do total das necessidades de orientação, ou seja, a área educativa para a amostra familiar foi de 34,66 (DP=14,38) e para a amostra institucional foi de 8,02 (DP=3,91). O valor "t" obtido de 4,86 mostra que não existe uma diferença significativa entre os dois grupos. Por conseguinte, aceita-se a hipótese nula de que não existe uma diferença significativa entre os grupos da família e da instituição no que se refere à área educativa das necessidades de orientação.

As pontuações médias obtidas na quinta área do total das necessidades de orientação, ou seja, a área vocacional para a amostra familiar foi de 14,50 (DP=8,57) e para a amostra institucional foi de 8,02 (DP=3,91). O valor "t" obtido de 9,26 revela que não existe uma diferença significativa entre os dois grupos. Por conseguinte, aceita-se a hipótese nula de que não haverá diferença significativa entre os grupos da família e da instituição no que se refere às necessidades de orientação na área vocacional.

A média das pontuações obtidas no total das necessidades de orientação, incluindo cinco áreas, para a amostra familiar foi de 124,30 (DP=16,04) e para a amostra institucional foi de 71,04 (DP=16,05). O valor 't' obtido de 9,26 mostra que existe uma diferença estatisticamente significativa (ao nível de 0,01) entre os dois grupos, o que implica que o grupo da família é superior ao grupo da instituição no que respeita às necessidades de orientação. Por conseguinte, rejeita-se a hipótese nula de que não existe uma diferença significativa entre os grupos da família e da instituição no que respeita às necessidades de orientação.

Nestes resultados, as crianças educadas em família revelaram menos necessidades de orientação do que as crianças educadas em instituições em todas as componentes: física, social, psicológica, educacional, vocacional e necessidades totais de orientação.

Tabela N.º 2: Mostra a média, o DP e o valor 't' da saúde mental das crianças criadas em família e em instituições.

Variables	Family Rearing		Institution Rearing		t-value
	Mean	SD	Mean	SD	
Emotional stability	7.32	1.51	6.38	1.87	2.75**
Over–all adjustment	22.14	3.31	27.16	4.51	6.33**
Autonomy	9.32	1.83	9.66	2.01	8.82**
Security insecurity	9.16	1.63	8.70	2.14	1.20 N.S
Self-concept	8.30	2.69	7.66	1.42	1.48 N.S
Over all mental health	56.24	4.62	59.56	4.39	3.68**

**Significativo ao nível de 0,01, N.S- não significativo

As pontuações médias obtidas na primeira dimensão da saúde mental geral, ou seja, estabilidade emocional, para a amostra familiar foram 7,32 (DP=1,51) e para a amostra institucional foram 6,38 (DP=1,87). O valor "t" obtido de 2,75 mostra que existe uma diferença estatisticamente significativa (ao nível de 0,01) entre os dois grupos, o que implica que o grupo familiar é superior ao grupo institucional no que respeita à estabilidade emocional.

A média das pontuações obtidas na segunda dimensão da saúde mental geral, ou seja, o ajustamento excessivo, para a amostra familiar foi de 22,14 (DP=3,31) e para a amostra privada foi de 27,16 (DP=4,51). O valor 't' obtido de 6,33 mostra que existe uma diferença estatisticamente significativa (ao nível de 0,01) entre os dois grupos, o que implica que o grupo familiar é superior ao grupo institucional no que respeita à sobre-adaptação.

A média das pontuações obtidas na terceira dimensão da saúde mental geral, ou seja, a autonomia, para a amostra familiar foi de 9,32 (DP=1,83) e para a amostra institucional foi de 9,66

(DP=2,01). O valor 't' obtido de 8,82 mostra que existe uma diferença estatisticamente significativa (ao nível de 0,01) entre os dois grupos relativamente à autonomia, o que implica que o grupo familiar é superior ao grupo institucional em termos de autonomia.

As pontuações médias obtidas na saúde mental global para a amostra familiar foram 56,24 (DP=4,62) e a amostra institucional foi 59,56 (DP=4,39). O valor "t" obtido de 3,68 mostra que existe uma diferença estatisticamente significativa (ao nível de 0,01) entre os dois grupos, o que implica que o grupo da família é superior ao grupo da instituição em termos de saúde mental. As pontuações médias obtidas nas quatro dimensões da saúde mental geral, ou seja, segurança - insegurança, para a amostra familiar foram 9,16 (DP=1,63) e para a amostra institucional foram 8,70 (DP=2,14). O valor 't' obtido de 1,20 mostra que não existe uma diferença significativa entre os dois grupos.

As pontuações médias obtidas na quinta dimensão da saúde mental geral, ou seja, o auto-conceito para a amostra familiar foi de 8,30 (DP=2,69) e para a amostra institucional foi de 7,66 (DP=1,42). O valor "t" obtido de 1,48 revela que não existe uma diferença estatisticamente significativa entre os dois grupos.

Os resultados acima referidos revelam que as crianças educadas em família são melhores em termos de estabilidade emocional, ajustamento geral e dimensões de autonomia da saúde mental e saúde mental geral do que as crianças educadas em instituições. Verifica-se também que não há diferença significativa entre os dois grupos nas dimensões de segurança - insegurança e auto-conceito da saúde mental.

Tabela No.3: Mostra a correlação entre a saúde mental e as necessidades de orientação das crianças.

Variables	'r'-value
Mental health	.318**
Guidance needs	

** A correlação é significativa ao nível de 0,01 (bicaudal).

O quadro acima mostra que existe uma relação positiva muito significativa (r.318) entre a saúde mental e as necessidades de orientação, que é significativa ao nível 0,01. Isto indica que quanto maior for a saúde mental, menores serão as necessidades de orientação das crianças.

Conclusão:

1. As crianças criadas em família têm melhor saúde mental global e as suas dimensões, nomeadamente, autonomia, ajustamento global e estabilidade emocional, em comparação com as crianças criadas em instituições.
2. As crianças criadas em família são melhores nos domínios psicológico, social e físico das necessidades totais de orientação do que as crianças criadas em instituições.
3. Existe uma relação positiva significativa entre a saúde mental e as necessidades de orientação das crianças.

CAPÍTULO 4

NECESSIDADES DE ACONSELHAMENTO PSICOLÓGICO DAS CRIANÇAS

O termo "saúde mental" descreve uma sensação de bem-estar, a capacidade de viver de uma forma engenhosa e gratificante e de ter a resiliência para lidar com os desafios e obstáculos que a vida apresenta. Um problema de saúde mental é aquele em que uma pessoa é distraída da sua vida quotidiana normal por pensamentos e/ou sentimentos perturbadores e perturbadores. Estes problemas podem desorientar a visão que uma pessoa tem do mundo e produzir uma variedade de sintomas e comportamentos susceptíveis de causar angústia e preocupação. A saúde mental é um contínuo que abrange desde as ansiedades e desilusões ligeiras da vida quotidiana até aos problemas graves que afectam o humor, a perceção e a capacidade de pensar e comunicar de forma clara e racional.

A saúde mental, tal como a saúde física, pode ser vista como existindo num contínuo que vai desde uma vida saudável até à doença crónica. Em 2001, o U.S. Surgeon General definiu a saúde mental como "o desempenho bem sucedido da função mental, resultando em actividades produtivas, relações satisfatórias com outras pessoas e a capacidade de adaptação à mudança e de lidar com a adversidade" (U.S. Department of Health and Human Services, 2001). Uma pessoa com saúde mental positiva utiliza recursos e competências interpessoais para funcionar com sucesso na sua vida quotidiana. Os problemas de saúde mental surgem quando esses recursos e competências começam a deteriorar-se, resultando numa luta para lidar com os desafios e responsabilidades da vida. A deterioração contínua destas competências assinala o início da doença mental, uma vez que as distorções significativas do pensamento, da capacidade de lidar com a situação e de reagir dominam o funcionamento pessoal e prejudicam a capacidade da pessoa para realizar as actividades da vida diária. Todas as pessoas se situam algures neste contínuo, num determinado dia.

O aconselhamento é um processo complexo de ajuda em que o conselheiro estabelece uma relação de trabalho de confiança e confidencial, em que o foco é a resolução de problemas, a tomada de decisões e a descoberta de um significado pessoal relacionado com a aprendizagem e o desenvolvimento.

De acordo com Hoppock (2001), ao longo da sua história, o aconselhamento tem sido conhecido por uma série de nomes diferentes, incluindo orientação educacional, orientação vocacional e orientação e aconselhamento ocupacional (Nayak, 2004-p.304). De acordo com Nayak (2004), o aconselhamento na escola envolve ajudar os alunos individualmente ou em pequenos grupos a lidar com as preocupações ou dificuldades que enfrentam e a lista de problemas que as crianças do ensino secundário podem enfrentar, que foi adoptada de Kottler e Kottler em 1993, é descrita a seguir: Ansiedade generalizada, perturbação depressiva, défice de atenção, abuso de hiperatividade, perturbação compulsiva, perturbação de ajustamento, perturbação de personalidade. Para ajudar as crianças que estão a passar por qualquer um dos problemas acima referidos, os professores precisam de desenvolver, pelo menos, um nível básico de aconselhamento (p.52, 53). Hoppock (como citado em Kelley, 2006) descreve que os problemas de carreira incluem, no programa de aconselhamento e orientação, mas não se limitam a indecisões e indecisões profissionais, desempenho profissional, stress e ajustamento, incongruência entre a pessoa e o ambiente de trabalho e integração insatisfatória dos papéis na vida com a sua vida. O trabalho de carreira no ensino secundário deve basear-se nas competências. Nesta altura, os alunos já devem conhecer as suas capacidades, aptidões, aptidões e interesses e a sua escolha de carreira, embora não seja definitiva, deve começar a ser definida. A tónica do programa de desenvolvimento de carreira no ensino secundário incide sobre as diferentes opções que se seguem. Alguns vão para o exército e outros para a força de trabalho, e para uma universidade numa instituição de dois ou quatro anos (pp.59-61).

As crianças institucionalizadas são crianças que vivem num grupo de vida não familiar, como orfanatos, lares de crianças, aldeias SOS, etc., sem pais ou pais substitutos e estão ao cuidado de adultos pagos. As crianças não institucionalizadas são crianças que vivem em casa com os pais.

As crianças acolhidas em instituições apresentam atrasos e desadaptação em vários domínios do desenvolvimento, mas nem todas as crianças são afectadas da mesma forma e no mesmo grau. Apesar de algumas evidências sugestivas de crianças gravemente carenciadas criadas em instituições

(Kreppner et al., 2010), atualmente não existem bases empíricas suficientes para apoiar a validade do conceito de uma síndrome pós-institucional mais geral. Além disso, atualmente, não há benefícios óbvios e há uma série de custos potenciais para a utilização do rótulo de síndrome pós-institucional. As crianças de instituições não devem ser rotuladas com um diagnóstico psiquiátrico que seria aplicado a todas as crianças. O próprio contexto institucional é, na maioria dos casos, patogénico e deve ser classificado como um tipo de maus-tratos infantis, particularmente sob a forma de negligência estrutural.

O acolhimento institucional de crianças abandonadas e órfãs é amplamente utilizado em países com diferentes contextos étnicos, culturais e económicos, e a sua natureza pode variar não só entre países, mas também dentro de cada país. Por crianças institucionalizadas entende-se um grupo de crianças não aparentadas que vivem juntas ao cuidado de um grupo de adultos não aparentados. Devido à pobreza, à migração do trabalho, à desagregação familiar, à monoparentalidade, às condições de saúde inadequadas dos pais, à prisão dos pais, a problemas mentais/físicos da criança, à discriminação sexual, etc.

A saúde mental está diretamente relacionada com a aprendizagem e o desenvolvimento das crianças. Engloba ou intersecta as relações interpessoais, as competências sócio-emocionais, o comportamento, a aprendizagem, a motivação académica, certas deficiências, a doença mental (por exemplo, depressão ou perturbação bipolar), a prevenção e resposta a crises, a segurança escolar e o abuso de substâncias. Cada uma destas questões afecta não só o sucesso e o bem-estar de cada aluno, mas também o ambiente escolar e os resultados de todos os alunos. As crianças expostas a cuidados institucionais não beneficiam do tipo de ambiente estimulante e de educação necessário para um desenvolvimento psicológico saudável. Revelam atrasos e desadaptação em vários domínios do desenvolvimento, como é evidente numa série de estudos (ver, para uma revisão, van IJzendoorn, Palacios, et al., no prelo). As crianças que crescem em instituições têm um QI substancialmente atrasado em comparação com as crianças criadas em famílias biológicas ou com pais adoptivos, o seu crescimento físico é retardado (Johnson & Gunnar, no prelo), apresentam padrões atípicos de atividade diurna do cortisol (Carlson & Earls, 1997; Gunnar, 2000), e altas taxas de vinculação insegura - especialmente altas taxas de vinculação desorganizada (Dobrova-Krol, van IJzendoorn, Bakermans-Kranenburg, & Juffer, 2010; Herreros, 2009; Steele, Steele, Jin, Archer, & Herreros, 2009; The St. Petersburg-USA Orphanage Research Team, 2008; Vorria et al, 2003; Zeanah, Smyke, Koga, Carlson, & The BEIP Core Group, 2005).

Método:

Objetivo

Avaliar o estado de saúde mental e identificar as necessidades de aconselhamento psicológico entre crianças criadas em instituições e crianças criadas em família.

Objectivos

1. Estudar as necessidades de aconselhamento psicológico e a saúde mental das crianças criadas em instituições e das crianças criadas em família.
2. Avaliar a relação entre as necessidades de aconselhamento psicológico e a saúde mental das crianças criadas em instituições e das crianças criadas em família.
3. Avaliar e comparar as necessidades de aconselhamento psicológico e a saúde mental de crianças criadas em instituições e de crianças criadas em família.

Hipóteses

1. Haverá uma diferença significativa entre crianças criadas em instituições e crianças criadas em família no que respeita às suas necessidades de aconselhamento psicológico.
2. Haverá uma diferença significativa no estado de saúde mental entre crianças criadas em instituições e crianças criadas em família.
3. Haverá uma relação significativa entre a saúde mental e as necessidades de aconselhamento psicológico.

Amostra

A amostra do presente estudo incluiu 100 adolescentes, dos quais foram selecionados 50 adolescentes criados em instituições e 50 adolescentes criados em família, com idades compreendidas entre os 14 e os 16 anos, no distrito de Kalaburagi, no Estado de Karnataka, na Índia.

Instrumentos de avaliação:

1. **A Bateria de Saúde Mental** (Arun Kumar Singh e Alpana Sen Gupta 2005) foi utilizada para avaliar o estado de saúde mental dos estudantes na faixa etária dos 13 aos 22 anos. Esta bateria é composta por 130 itens, com 6 dimensões: estabilidade emocional (EM), ajustamento geral (OA), autonomia (AY), segurança-insegurança (SI), auto-conceito (SC) e inteligência (IG). As dimensões Estabilidade emocional (EM), Ajustamento geral (OA), Insegurança em relação à segurança (SI) e Autoconceito (SC) devem ser respondidas como Sim/Não. Existem duas alternativas para a dimensão Autonomia (AY), devendo ser escolhida uma. Há quatro alternativas para a dimensão Inteligência (IG), que devem ser selecionadas.

2. **Escala de necessidades de aconselhamento psicológico (PCNS):** No presente estudo, a escala de necessidades de aconselhamento psicológico (Vijayalaxmi Chauhan e Gunjan Gangotva Arora, 2010) foi utilizada para identificar e estudar as áreas problemáticas e as necessidades de aconselhamento psicológico dos adolescentes. Foi utilizado o método split of e o coeficiente de fiabilidade split of foi de 0,90. A validade do instrumento de investigação foi calculada pelo método do momento do produto, tendo-se obtido um valor de 0,82.

Resultados e discussão

O presente estudo teve como objetivo examinar a relação entre as necessidades de aconselhamento psicológico e a saúde mental entre crianças criadas em instituições e crianças criadas em família. Os resultados e as discussões são os seguintes:

Tabela N.º 1: Apresenta a média, o DP e os valores 't' entre as crianças criadas em instituições e as crianças criadas em família relativamente às necessidades de aconselhamento psicológico.

Variable (PCN) psychological counseling needs		Mean (SD)	't' values
Children	Institution reared (N=50)	75.58(13.98)	4.12**
	Family reared (N=50)	66.14 (8.18)	

** Significativo ao nível de 0,01

A média das pontuações obtidas sobre as necessidades de aconselhamento psicológico na amostra familiar foi de 75,58 (DP=13,98) e na amostra institucional foi de 66,14 (DP=8,18). O valor 't' obtido de 4,12 mostra que existe uma diferença estatisticamente significativa (ao nível de 0,01) entre os dois grupos, o que implica que as crianças criadas em instituições têm mais necessidades de aconselhamento psicológico do que as crianças criadas em família.

Quadro n.º 2: Valores médios, DP e 't' da saúde mental das crianças criadas em instituições e das crianças criadas em família

Variables	Family Rearing		Institution Rearing		t-value
	Mean	SD	Mean	SD	
Emotional stability	7.32(1.51)	1.51	6.38	1.87	2.75**
Over–all adjustment	22.14(3.31)	3.31	27.16	4.51	6.33**
Autonomy	9.32 (1.83)	1.83	9.66	2.01	8.82**
Security insecurity	9.16 (1.63)	1.63	8.70	2.14	1.20 N.S
Self-concept	8.30 (2.69)	2.69	7.66	1.42	1.48 N.S
Over all mental health	56.24(4.62)	4.62	59.56	4.39	3.68**

** Significativo ao nível de 0,01, NS- Não significativo

As pontuações médias obtidas na primeira dimensão da saúde mental geral, ou seja, estabilidade emocional, para a amostra familiar foram 7,32 (DP=1,51) e para a amostra institucional foram 6,38 (DP=1,87). O valor 'f' obtido de 2,75 mostra que existe uma diferença estatisticamente significativa (ao nível de 0,01) entre os dois grupos, o que implica que o grupo familiar é superior ao grupo institucional no que respeita à estabilidade emocional.

A média das pontuações obtidas na segunda dimensão da saúde mental geral, ou seja, a sobre-adaptação, para a amostra familiar foi de 22,14 (DP=3,31) e para a amostra privada foi de 27,16 (DP=4,51). O valor 't' obtido de 6,33 mostra que existe uma diferença estatisticamente significativa (ao nível de 0,01) entre os dois grupos, o que implica que o grupo familiar é superior ao grupo institucional no que respeita à sobre-adaptação.

A média das pontuações obtidas na terceira dimensão da saúde mental geral, ou seja, a autonomia, para a amostra familiar foi de 9,32 (DP=1,83) e para a amostra institucional foi de 9,66 (DP=2,01). O valor 'f' obtido de 8,82 mostra que existe uma diferença estatisticamente significativa (ao nível de 0,01) entre os dois grupos relativamente à autonomia, o que implica que o grupo familiar é superior ao grupo institucional em termos de autonomia.

As pontuações médias obtidas na saúde mental global para a amostra familiar foram 56,24 (DP=4,62) e a amostra institucional foi 59,56 (DP=4,39). O valor 'f' obtido de 3,68 mostra que existe uma diferença estatisticamente significativa (ao nível de 0,01) entre os dois grupos, o que implica que o grupo familiar é superior ao grupo institucional em termos de saúde mental. As pontuações médias obtidas nas quatro dimensões da saúde mental geral, ou seja, segurança - insegurança, para a amostra familiar foram 9,16 (DP=1,63) e para a amostra institucional foram 8,70 (DP=2,14). As pontuações médias obtidas na quinta dimensão da saúde mental global, ou seja, o auto-conceito, para a amostra familiar foi de 8,30 (DP=2,69) e para a amostra institucional foi de 7,66 (DP=1,42). O valor 't' obtido de 1,48 revela que não existe uma diferença estatisticamente significativa entre os dois grupos.

Tabela No.3: Mostra a correlação entre a saúde mental e as necessidades de aconselhamento psicológico das crianças.

Variables	‘r’-value
Mental health	-.218
Psychological counseling needs	

A tabela n.º 3 mostra que existe uma relação inversa (-.218) entre a saúde mental e as necessidades de aconselhamento psicológico. Isto indica que quanto mais elevadas forem as necessidades de aconselhamento psicológico, menor será a saúde mental das crianças.

CONCLUSÕES

- As crianças criadas em família têm melhor saúde mental global e as suas dimensões, nomeadamente, autonomia, ajustamento global e estabilidade emocional, em comparação com as crianças criadas em instituições.
- As crianças criadas em família têm menos necessidade de aconselhamento psicológico do que as crianças criadas em instituições.
- As necessidades de aconselhamento psicológico mostraram uma relação negativa com a saúde mental total.

CAPÍTULO 5

DESAFIOS DAS CRIANÇAS CRIADAS EM INSTITUIÇÕES

Este capítulo lança luz sobre questões que são importantes para enfrentar os desafios das crianças vulneráveis, incluindo os resultados de desenvolvimento experimentados por crianças criadas em instituições. Em geral, os estudos sugerem que os bebés e as crianças pequenas que são criadas em instituições com funcionamento típico têm um desenvolvimento mais fraco do que as crianças que são criadas em casa e não foram institucionalizadas.

De um modo geral, existem muitas leis e regulamentos, mas a sua aplicação é deficiente em quase todos os países. É importante reconhecer que muitos países estão a envidar esforços no sentido da "reforma dos cuidados infantis", como é genericamente designada: "Na sua essência, a reforma dos cuidados infantis pode oferecer uma oportunidade para reforçar um sistema de proteção da criança existente, mas muitas vezes frágil" (BCN & UNICEF (2015a)). Um relatório recente regista alguns êxitos em termos de aumento da capacidade governamental para liderar a reforma e melhorar a aplicação dos regulamentos.

Vários estudos de observação compararam crianças institucionalizadas com crianças não institucionalizadas. Estes estudos contam uma história convincente dos efeitos dos cuidados institucionais; a maioria dos estudos conclui que as crianças institucionalizadas têm défices de desenvolvimento significativos em praticamente todos os domínios que foram examinados (por exemplo, Gunnar, Van Dulmen, & The International Adoption Project Team, 2007; Johnson et al., 1996; Rutter, Kreppner, & O'Connor, 2001; Rutter et al., 2007, 2010; van Uzendoorn, Luijk, & Juffer, 2008).

Todos nós compreendemos intuitivamente que uma cultura institucional deve ser o terreno fértil para o comportamento institucional das crianças que não recebem cuidados adequados e mediação apropriada dos adultos nos seus primeiros anos de formação, são continuamente traumatizadas e frequentemente forçadas a sobreviver.

Para desenvolverem o seu potencial, as crianças precisam do amor, dos cuidados e da atenção de uma família. O apoio emocional é essencial para o desenvolvimento do cérebro e mesmo o bebé mais pequeno sofrerá se não tiver este contacto próximo e amoroso desde tenra idade. Os investigadores documentaram alterações estruturais e funcionais no cérebro das crianças que crescem num ambiente de instituições. Alguns dos desafios das crianças criadas em instituições são os seguintes

Atrasos e desvios no desenvolvimento de crianças institucionalizadas

As crianças criadas em instituições sofrem frequentemente de atrasos dramáticos no desenvolvimento e podem seguir percursos de desenvolvimento desviantes. No entanto, é difícil distinguir as várias causas destes atrasos. Em primeiro lugar, nalguns casos é difícil saber se a experiência institucional causa efetivamente os défices ou se simplesmente mantém os défices pré-existentes. Em segundo lugar, as formas de privação sofridas pelas crianças institucionalizadas raramente ocorrem isoladas umas das outras. Aqui apresentamos brevemente os défices de desenvolvimento (muitas vezes graves) que a maioria das crianças criadas em instituições apresenta. Optámos por nos concentrar nas áreas importantes do desenvolvimento físico, hormonal, cognitivo e emocional.

> **Crescimento físico**

As crianças que passam os primeiros anos das suas vidas em instituições de acolhimento apresentam frequentemente um crescimento físico retardado (Van Jzendoom, Bakermans-Kranenburg & Juffer, 2007). As crianças institucionalizadas e as crianças adoptadas com experiência institucional precoce ficam atrás dos seus pares criados em família em parâmetros centrais do crescimento físico como o peso, a altura e o perímetro cefálico. Por exemplo, numa meta-análise de oito estudos (V= 893 crianças adoptadas pós-institucionalizadas), estadias institucionais mais longas antes da adoção foram fortemente e linearmente associadas a um crescimento em altura corrigido pela idade mais atrasado (r= .62; <7 = 1.71), o que aponta para uma relação dose-resposta, ilustrando o efeito potencialmente causal e negativo dos cuidados institucionais no crescimento físico e, em particular, na altura. Esta conclusão meta-analítica é apoiada por estudos longitudinais sobre o crescimento em instituições na Grécia (Vorria et al., 2003, Van IJzendoom & Juffer, 2006) e na Ucrânia (Dobrova-Krol, Van IJzendoom, Bakermans-Kranenburg, Cyr, & Juffer 2008).

> **Desenvolvimento hormonal (eixo HPA)**

Os padrões típicos da atividade diurna do cortisol em crianças que vivem em instituições foram relatados pela primeira vez por Carlson e Earls (1997). Estes autores examinaram 46 crianças, com 2 anos de idade, que viviam numa instituição na Roménia. A maioria estava lá desde pouco tempo depois do nascimento. Nenhuma das crianças apresentava um padrão normal de variação do cortisol ao longo do dia (8h, meio-dia, 19h), sendo os valores matinais baixos e os valores noturnos ligeiramente elevados a norma nesta amostra. Este resultado foi replicado numa amostra muito pequena de crianças pós-institucionalizadas, adoptadas da Rússia e da China (Gunnar, 2001). Outro estudo realizado num lar de bebés russo com 11 crianças entre os 3 e os 5 meses de idade produziu resultados semelhantes de ritmos atenuados de produção diurna de cortisol (Kroupina, Gunnar, & Johnson, 1997, citado em Gunnar, 2000).

> **Desenvolvimento Cognitivo**

O desenvolvimento cognitivo das crianças institucionalizadas tem sido estudado há mais de 60 anos. Numa meta-análise recente, as crianças que cresceram em instituições mostraram um atraso substancial no QI em comparação com as crianças criadas em famílias (de acolhimento ou biológicas) (Van IJzendoom, Luijk, & Juffer, 2008). O tamanho do efeito combinado em 75 estudos sobre mais de 3.800 crianças em 19 países diferentes foi de cerca de três quartos de um desvio padrão. Para a maioria das amostras, estavam disponíveis pontuações absolutas de QI/QD. As crianças criadas em instituições apresentaram, em média, um QI/QD de 84; o QI/QD médio das crianças de comparação criadas em famílias foi de 104. Os rácios cuidador-criança favoráveis foram associados a atrasos cognitivos menores, enquanto que a entrada precoce nos cuidados residenciais (antes dos 12 meses) e, por conseguinte, estadias mais longas parecem estar associadas a atrasos maiores. Um ou mais anos de vida familiar antes da institucionalização podem proporcionar uma base (relativamente) sólida para um maior desenvolvimento intelectual, mesmo quando as crianças crescem mais tarde num ambiente intelectual pobre.

> **Segurança de anexos**

Todas as crianças criadas em instituições sofrem a separação ou a perda dos seus pais biológicos e de outros prestadores de cuidados. Num famoso relatório sobre instituições para a Organização Mundial de Saúde, Bowlby (1952) concluiu que as crianças sofriam os efeitos dos cuidados institucionais, mesmo quando as suas necessidades físicas (alimentação, vestuário, etc.) eram satisfeitas de forma adequada. As crianças são privadas de oportunidades para desenvolver relações de vinculação estáveis e contínuas devido à quantidade limitada e à fraca qualidade do contacto com os seus prestadores de cuidados (Gunnar, Bruce, & Grotevant, 2000; Palacios & Sanchez-Sandoval, 2005; Vorria et al., 2003; Zeanah et al., 2005).

Seis estudos recentes abordaram os efeitos dos cuidados institucionais na vinculação, utilizando o Procedimento da Situação Estranha (SSP; Ainsworth et al, 1978) ou uma modificação, e as crianças institucionalizadas mostraram altas taxas de vinculação insegura e especialmente altas taxas de vinculação desorganizada (Dobrova-Krol, Van IJzendoom, Bakermans-Kranenburg, & Juffer, 2010; The St. Petersburg-USA Orphanage Research Team, 2008; Vorria et al., 2003; Zeanah, Smyke, Koga, & Carlson, 2005; Steele, Steele, Jin, Archer, & Herreros, 2009; Herreros, 2009). No geral, a distribuição do estado de vinculação das crianças criadas em instituições desviou-se acentuadamente da distribuição típica (62% segura, 15% evitante, 9% resistente e 15% desorganizada; Van IJzendoorn et al., 1999), com 17,1% de vinculações seguras, 5,5% evitantes, 4,6% resistentes e 72,8% desorganizadas com o cuidador favorito. De facto, quase três quartos das crianças criadas em instituições foram classificadas como desorganizadas.

> Comportamento indiscriminadamente sociável

O comportamento indiscriminadamente sociável refere-se à falta de reticência das crianças em relação a adultos desconhecidos, à vontade de se aproximarem e de se envolverem com estranhos e à incapacidade de manterem proximidade com figuras de vinculação em contextos desconhecidos. O'Connor e colegas (O'Connor et al., 2000; O'Connor & Zeanah, 2003) enfatizaram a falta de limites sociais entre as crianças com este padrão de comportamento. Zeanah et al. (2005) descobriram que 44% das crianças institucionalizadas apresentavam níveis elevados de comportamento indiscriminadamente sociável, em contraste com 18% das crianças que nunca tinham sido institucionalizadas.

> Problemas de comportamento em crianças institucionalizadas

As crianças entre os 6 e os 18 anos de idade são susceptíveis a uma vasta gama de problemas de comportamento, incluindo problemas de atenção, externalização e internalização, sociais e do tipo autista (Gunnar 2001; MacLean 2003). Estes problemas são mais prováveis de ocorrer em crianças adoptadas mais velhas que foram expostas a uma privação institucional mais prolongada, e é frequente que persistam ou aumentem com o tempo num lar adotivo. As comparações com crianças adoptadas não institucionalizadas sugerem que os problemas de comportamento das crianças institucionalizadas não são, provavelmente, apenas uma consequência de factores associados à colocação em instituições, tais como maus cuidados pré-natais.

> Negligência estrutural

As crianças expostas a cuidados institucionais sofrem muitas vezes de "negligência estrutural", que pode incluir recursos físicos mínimos, padrões de pessoal desfavoráveis e instáveis e interações sócio-emocionais inadequadas entre o prestador de cuidados e a criança. Este capítulo é dedicado à análise dos efeitos negativos das primeiras experiências institucionais no desenvolvimento das crianças residentes. São discutidos os atrasos nas áreas importantes do desenvolvimento físico, hormonal, cognitivo e emocional. As evidências a favor e contra a existência de um conjunto distinto de problemas de desenvolvimento que coocorrem em crianças institucionalizadas são ponderadas e não demonstram ainda de forma convincente uma "síndrome pós-institucional". Por fim, são examinadas as caraterísticas partilhadas e não partilhadas do ambiente institucional e as caraterísticas genéticas, temperamentais e físicas específicas de cada criança, que podem fazer uma diferença crucial na questão de saber se a educação institucional precoce deixa cicatrizes irreversíveis.

> **Ambiente estimulante e estimulante**

As crianças expostas a cuidados institucionais não recebem o tipo de ambiente estimulante e de educação necessário para um crescimento normal e um desenvolvimento psicológico saudável. São apresentadas as provas a favor e contra a existência de um conjunto distinto de problemas de desenvolvimento concomitantes que podem constituir uma "síndrome pós-institucional" e são exploradas as implicações práticas e políticas da utilização de tal conceito. Finalmente, uma vez que é evidente que nem todas as crianças expostas a circunstâncias institucionais semelhantes se desenvolvem de forma semelhante.

> **Variabilidade**

Apesar da variabilidade de cuidados que se pode encontrar entre as instituições, é possível fazer uma descrição composta do que é típico. A narrativa que se segue não é um relatório de uma instituição em particular, mas combina vários relatos para dar ao leitor uma melhor noção do que é comum no meio da considerável heterogeneidade dos cuidados institucionais

O tamanho dos grupos tende a ser grande (normalmente 9-16 crianças por ala, embora em casos extremos o número possa aproximar-se de 70). O número de crianças por prestador de cuidados é elevado (aproximadamente 8:1 a 31:1, embora algumas instituições tenham menos crianças por prestador de cuidados).

Os grupos tendem a ser homogéneos no que diz respeito à idade e à situação de deficiência. As crianças são periodicamente "graduadas" de um grupo etário para outro, talvez até duas ou três vezes nos primeiros dois ou três anos de vida.

Os prestadores de cuidados de uma mesma criança tendem a mudar constantemente, porque pode haver uma grande rotação de pessoal; os prestadores de cuidados podem trabalhar em turnos longos (por exemplo, 24 horas) e estar de folga três dias; os prestadores de cuidados podem não ser consistentemente afectados ao mesmo grupo; e os prestadores de cuidados podem ter até dois meses de férias. O resultado é que uma criança pode ter de 50 a 100 prestadores de cuidados diferentes nos primeiros 19 meses de vida.

Outros adultos tendem a entrar e a sair da vida das crianças, incluindo especialistas médicos e comportamentais, futuros pais adoptivos e voluntários que podem visitar as crianças apenas durante uma semana ou alguns meses.

Normalmente, os prestadores de cuidados recebem pouca formação e a formação que recebem centra-se mais em questões de saúde do que na interação social. Passam a maior parte do tempo a alimentar, mudar a fralda, dar banho, limpar as crianças e o quarto e preparar a comida, em vez de interagir com as crianças. Os prestadores de cuidados são invariavelmente do sexo feminino, pelo que as crianças raramente vêem homens.

Quando os prestadores de cuidados desempenham as suas funções, é provável que o façam de uma forma profissional, com pouco calor, sensibilidade ou capacidade de resposta às necessidades emocionais ou às iniciativas exploratórias das crianças.

CAPÍTULO 6

REFERÊNCIA

Abbott, R.K. (2002, 21 de março). The changing definition of family. *Compensation & Benefits Report, 16(6).* 3-4.

Adell, M. A. (2002).Estratégias para melhorar o rendimento académico dos adolescentes. Madrid: Piramide.Bacon.

American Psychological Association: http://www.apa.org

American School Counseling Association (Associação Americana de Aconselhamento Escolar): http ://www. schoolcounselor.org

Arun Kumar Singh e Alpana Sen Gupta (2005). Bateria de Saúde Mental.

Aviezer, O., van Uzendoom, M. H., Sagi, A., & Schuengel, C. (1994). Os "filhos do sonho" revisitados: 70 anos de criação colectiva de crianças nos kibutzim israelitas. Psychological Bulletin, 116, 99-116.

Bakermans-Kranenburg, M. J., & van Uzendoom, M. H. (2006). Interação gene-ambiente do recetor da dopamina D4 (DRD4) e insensibilidade materna observada que prevê o comportamento externalizante em pré-escolares. Developmental Psychobiology, 48, 406^109.

Bakermans-Kranenburg, M. J., & van IJzendoorn, M. H. (2007). Genetic vulnerability or differential susceptibility in child development: O caso da vinculação. Journal of Child Psychology and Psychiatry, 48, 1160-1173.

Bakermans-Kranenburg, M. J., Steele, H., Zeanah, C. H., Muhamedrahimov,R. J., Vorria, P., Dobrova-Krol, N. A., Gunnar, M. R. (no prelo). Apego e desenvolvimento emocional em cuidados institucionais: Characteristics and catch-up. Monografias da Society for Research of Child Development.

Bargava M. (2006). *Perspectivas da saúde mental:* Concept of Mental Health, (pp 1-26). H. P. Bhargava Book House: Agra.

BCN & UNICEF (2015a). *Uma análise da reforma dos cuidados infantis em três países africanos: Summary of Key Findings.* BCN & UNICEF, Página. 5

Blizzard, R. M. (1990). Baixa estatura psicossocial. Em F. Lifshitz (Ed.), *Pediatric endocrinology* (pp. 77-91). Nova Iorque, NY: Marcel Dekker.

Carlson, M., & Earls, F. (1997). Psychological and neuroendocrinological sequelae of early social deprivation in institutionalized children in Romania (Sequelas psicológicas e neuroendocrinológicas da privação social precoce em crianças institucionalizadas na Roménia). Annual New York Academy of Science, 807, 419-428.

Carter R. (2005). A família é importante: Um estudo sobre o acolhimento institucional de crianças na Europa Central e Oriental

Chauhan, C. (2011). Cerca de 20 milhões de crianças órfãs na Índia: Estudo. *Hindustani Times*. Recuperado de http://www.hindustantimes.com/delhi/about-20m-kids-in-india-orphans-study/story-CM5xsW91McYBiQ3WLhh6MQ.html;isessionid=A6A24C3A6926390480230B768DE03FD3.

Children's Defense Fund: http://www.childrensdefense.org

Chou, S. e Browne, K.D. (2008). A relação entre cuidados institucionais e

Associação de Aconselhamento: http://www.counseling.org

Crawford, J.M. (1999). Adopções conjuntas por casais do mesmo sexo: From loophole to law. Families in Society: The *Journal of Contemporary Human Services, 80,* 271-278.

Das, M. & Munka, A. (2011). Children in India's five year plans (As crianças nos planos quinquenais da Índia). Obtido em http://www.cry.org/resources/pdf/va/Children In Indias FiveYearPlans 2013.pdf.

Dobrova-Krol NA, Van IJzendoorn MH, Bakermans-Kranenburg MJ, Juffer F, Cyr C. Physical growth delays and stress dysregulation in stunted and non-stunted Ukrainian institution-reared children. Infant Behavior and Development (Comportamento e Desenvolvimento Infantil). 2008;31:539- 553. [PubMed]

Dobrova-Krol NA, Van IJzendoorn MH, Bakermans-Kranenburg MJ, Juffer F. A importância da qualidade dos cuidados: Effects of perinatal HIV-infection and early institutional rearing on preschoolers' attachment and indiscriminate friendliness. Journal of Child Psychology and Psychiatry 2010 [PubMed]

Dobrova-Krol, N. A., van IJzendoorn, M. H., Bakermans-Kranenbur M. J., Cyr, C., & Juffer, F. (2008). Physical growth delays and stress dysregulation in stunted and non-stunted Ukrainian institutionreared children. Infant Behavior and Development, 31, 539-553.

Dobrova-Krol, N. A., van IJzendoorn, M. H., Bakermans-Kranenburg, M. J., & Juffer, F. (2010). Effects of perinatal HIV-infection and early institutional rearing on social cognitive development of children in Ukraine [Efeitos da infeção perinatal pelo VIH e da criação institucional precoce no desenvolvimento social e cognitivo das crianças na Ucrânia]. Child Development, 81, 237-251.

Eitzen (2003). Problemas Sociais - Del Mar College, Família.

Engle, P., Groza, V., Groark, C. J., Greenberg, A., Bunkers, K. M., & Muhamedrahimov, R. (2011). Crianças sem cuidados parentais. Em R. B. McCall, M. H. van IJzendoorn, F. Juffer, C. J. Groark, & V. K. Groza (Eds.), Children without permanent parents: Research, practice, and policy. Monographs of the Society for Research in Child Development, 76(4, Serial No. 301), 190-222.

A Europa e a antiga União Soviética. Londres. Genebra, Organização Mundial de Saúde.

Gunnar MR. Adversidade precoce e o desenvolvimento da reatividade e regulação do stress. In:

Nelson CA, editor. The effects of adversity on neurobehavioral development. The Minnesota Symposia on Child Psychology. Vol. 31. Mahwah, NJ: Lawrence Erlbaum; 2000. pp. 163-200.

Gunnar, M. R. (2001). Efeitos da privação precoce. Em C. A. Nelson & M. Luciana (Eds.), Handbook of developmental cognitive neuroscience (pp. 617-629).

Gunnar, M. R. (2001). Effects of early deprivation: Findings from orphanage-reared infants and children. Em C. A. Nelson & M. Luciana (Eds.), Handbook of developmental cognitive neuroscience (pp. 617-629). Cambridge: MIT.

Gunnar,M. R. (2000). Early adversity and the development of stress reactivity and regulation (Adversidade precoce e desenvolvimento da reatividade e regulação do stress). Em C. A. Nelson (Ed.), The effects of adversity on neurobehavioral development. The Minnesota Symposia onChild Psychology (Vol. 31, pp. 163-200). Mahwah, NJ: Lawrence Erlbaum.

Human Rights Watch. (1999). Relatório Mundial da Human Rights Watch 1999. New York.

Johnson, D. E. (2000). Questões médicas a longo prazo em adoptados internacionais. *Pediatric Annals, 29,* 234-241.

Johnson, D. E. (2000). Medical and developmental sequelae of early childhood institutionalization in Eastern European adoptees. Em C. A. Nelson (Ed.), The effects of early adversity on neurobehavioral development. Simpósio do Minnesota sobre Psicologia da Criança (Vol. 31, pp. 113-162). Mahwah, NJ: Lawrence Erlbaum.

Johnson, D. E.,&Gunnar, M. R. (no prelo). Growth failure in institutionalized children. Monografias da Sociedade para a Investigação do Desenvolvimento Infantil. Knox,-Michele; Funk,-Jeanne; Elliott,-Robert; Bush,-Ellen-Greene (2000). Gender differences within adolescents' "possible selves,' to better understand gender differences in global self-esteem at adolescence. Retirado da base de dados ERIC.

Kaur Jagpeet, Rana.J.S ,Kaur Rupinder.(2009). A realização académica e os resultados académicos como correlatos do autoconceito entre adolescentes stud Home Comm. Sci, (3)Pp.l3-17. Koenig,MC Holbrook (Eds): *Foundations of Education,* 1: 135-156.

Kenyon, G.L., Chong, K" Enkoff-Sage, M" Hill, C" Mays, C" & Rochelle, L. (2003). Adoção pública por pais gays e lésbicas na Carolina do Norte: Policy and practice. *Family in Society, 84(f,* 571-575.

Knox,-Michele; Funk,-Jeanne; Elliott,-Robert; Bush,-Ellen-Greene (2000). Gender differences within adolescents' "possible selves,' to better understand gender differences in global self-esteem at adolescence. Retirado da base de dados ERIC.

Kreppner J, Kumsta R, Rutter M, Beckett C, Castle J, Stevens S, Sonuga-Barke EJ. Developmental course of deprivation-specific psychological patterns: early manifestations, persistence to age 15, and clinical features. Monografias da Sociedade de Investigação em Desenvolvimento Infantil. 2010;75:79-101.

Lowden,-Kevin; Powney,-Janet (1993). A three-strand study and examined the availability, provision and effectiveness of educational guidance to adults in Scotland. Recuperado da base de dados ERIC.

Lowden,-Kevin; Powney,-Janet (1993). A three-strand study and examined the availability, provision and effectiveness of educational guidance to adults in Scotland. Recuperado da base de dados ERIC.

MacLean, K. (2003). O impacto da institucionalização no desenvolvimento da criança. *Development and Psychopathology, 15,* 853-884.

Mau, W.C., Hitchcock, R., e Calvert, C. (1998). Planos de carreira dos estudantes do ensino secundário: A influência das expectativas dos outros. Professional School Counselling, 2:2, 161-166. Recuperado em 28 de dezembro de 2011, de http://www.cde.ca.gov/ls/cg/rh/counseffective.asp

Mau, W.C., Hitchcock, R., e Calvert, C. (1998). Planos de carreira dos estudantes do ensino secundário: A influência das expectativas dos outros. Professional School Counselling, 2:2, 161-166. Recuperado em 28 de dezembro de 2011, de http://www.cde.ca.gov/ls/cg/rh/counseffective.asp

McCall, J.N. (1999). Investigação sobre os efeitos psicológicos dos cuidados em orfanatos: A critical review. Em R.B. McKenzie et al. (Eds.). *Rethinking orphanages for the 21st century* (pp. 127-150). Thousand Oaks, CA: Sage.

McCall, J.N. (1999). Research on the psychological effects of orphanage care: A critical (pp. 127-150). Thousand Oaks, CA: Sage.

McDaniel, S.H., Cambell, T.L., Hepworth, J., & Lorenz, A. (2005). *Family-oriented primary care (2ª ed.).* Nova Iorque, NY: Springer.

Moodie e Jenkins (2005). Mental health promotion: A literature Review, preparado para o grupo de trabalho de promoção da saúde mental do conselho consultivo provincial de bem-estar por Heather Pollett, Analista de Políticas, Associação Canadiana de Saúde Mental, 18 de junho de 2007: Introdução. Obtido em 28 de dezembro de 2011, de https://docs.google.com/viewer?A=v&q=cache:m8twa9gr5wkj:www.cmhanl.ca/pdf/ Mental.

Moodie e Jenkins (2005). Mental health promotion: A literature Review, preparado para o grupo de trabalho de promoção da saúde mental do conselho consultivo provincial de bem-estar por Heather Pollett, Analista de Políticas, Associação Canadiana de Saúde Mental, 18 de junho de 2007: Introdução. Obtido em 28 de dezembro de 2011, de https ://docs.google.com/viewer?A=v&q=cache:m8twa9gr5wkj:www.cmhanl.ca/pdf/ Mental

Morison, S.J., & Ellwood, A.-L. (2000). Resiliência no rescaldo da privação: A second look at the development of Romanian orphanage children. *Merrill-Palmer Quarterly, 46,* 717-737.

National Alliance of Pupil Services Organizations: http://www.napso.org

Associação Nacional de Psicólogos Escolares: http://www.nasponline.org

Associação Nacional de Assistentes Sociais: http://www.socialworkers.org

Nayak, A. K. (2004).Guidance services in school. Nova Deli: Dominent Publishers. *Revista britânica de artes e ciências sociais ISSN: 2046-9578* 122

Equipa de Estudo dos Adoptados Romenos. Os efeitos da privação global grave na competência cognitiva: extensão e acompanhamento longitudinal. Criança Desenvolvimento. 2000;71:376-390. doi: 10.1111/1467-8624.00151.[PubMed] [Cross Ref]

O'Connor, T. G., & Rutter, M. (2000). Comportamento de transtorno de apego após privação severa precoce: Extensão e acompanhamento longitudinal. *Journal of the American. Academy of Child and Adolescent Psychiatry, 39,* 703-712.

Patterson, J.M. (1996). Métodos de investigação familiar. Em C.A. Heflinger & C.T. Nixon (Eds.), *Families and the mental health system for children and adolescents* (pp. 117-144). Thousand Oaks, Califórnia: Sage Publications.

Pequegnat, W., & Bray, J.H. (1997). As famílias e o VIH/SIDA: Introdução à secção especial. *Journal of Family Psychology,* 77(1), 3-10.

Rahman, T., Khaleque, A., & Rahman, A. (2000). Purpose in life and self-concept of Bangladeshi students reared in home and institutional environments. *International Forum for Logotherapy, 23,* 101-106.

Rosas, J., & McCall, R. B., Groark, C. J., Muhamedrahimov, R. J., Palmov, O. I., & Nikiforova, N. V. (2012). A qualidade ambiental como mediador entre as intervenções institucionais e os resultados do desenvolvimento das crianças. Manuscrito não publicado, autor. Pittsburgh, PA: Universidade de Pittsburgh.

Rothausen, T.J. (1999). A "família" na investigação organizacional: A review and comparison of definitions and measures. *Journal of Organizational Behavior, 20,* 817-836.

Save the Children (2016). Índia. Obtido de http://www.savethechildren.Org/site/c.8rKLIXMGIpI4E/b.8726995/k.C048/India.htm.

School Social Work Association of America: http://www.sswaa.org

Sharf, R.S. (1997). Applying career development theory to counselling (2ª ed.). Pacific Grove, CA: Brooks/Cole.

Sing Lau, Lai-Kuen Kwok (2000). Relationship of family environment to adolescents' depression and self-concept, behavior and personality an international journal, 28(1) 41-50.

Sloutsky, V.M. (1997). Institutional care and developmental outcomes of 6- and 7-year-old children: Uma perspetiva contextualista. *International Journal of Behavioral Development, 20(1),* 131-151.

Song, In-sub; Hattie, John Dec (1984). O rendimento académico, o autoconceito e o rendimento académico: Uma abordagem de modelação causal. Journal of Educational Psychology, Vol 76(6), Pp.1269-1281. Registo na base de dados Psy INFO (c) 2010 APA, todos os direitos reservados.

Equipa de Investigação sobre Orfanatos de São Petersburgo-EUA (2005). Caraterísticas das crianças, dos prestadores de cuidados e dos orfanatos para crianças pequenas em S. Petersburgo, Federação Russa. *Journal of Applied Developmental Psychology: Special Issue on Child Abandonment, 26,* 477-506.

Stack, C.B. (1996). *All our kin.* Nova Iorque, NY: Basic Books.

Supriya Banerjee (2014)Categoria: Sociedade Indiana

Taylor & Francis, 1982. Home environment and School learning; A quantitative Synthesis. The Journal of Experimental Education.

Thompson, S. L. (2001). As competências sociais de crianças anteriormente institucionalizadas adoptadas da Roménia. *Dissertation Abstracts International: Secção B: Ciência e Engenharia,* 67(7-B), 3906.

Tripathi e Rekh (1986). Determination of Various Guidance Needs of the Pupils of Secondary and Higher Secondary Schools (Determinação de várias necessidades de orientação dos alunos do ensino secundário e superior). Recuperado em 24 de janeiro de 2012, de http://www.education.nic.in/cd5 0years/g/z/9I/0Z9I0B01.htm.

Tripathi e Rekh (1986). Determination of Various Guidance Needs of the Pupils of Secondary and Higher Secondary Schools (Determinação de várias necessidades de orientação dos alunos do ensino secundário e superior). Obtido em 24 de janeiro de 2012, de http://www.education.nic.in/cd50years/g/z/9I/0Z9I0B01 .htm

Tuttel D e Tuttel N 2004. *Self-esteem and Adjusting with Blindness (Autoestima e adaptação à cegueira).* 3ª Edição, Springfield, IL. Charles C Thomas.

U.S. Census Bureau (2005). Centro de perguntas e respostas. Recuperado em 7 de julho de 2005, de https://ask.census.gov/app/answers/list

Departamento de Saúde e Serviços Humanos dos EUA. (2001). *Mental health: Culture, race, and ethnicity-A supplement to mental health: A report of the surgeon general.* Rockville, MD: Autor.

ONUSIDA, UNICEF E USAID. (2004). Crianças à beira do abismo 2004: A joint report of new orphan estimates and a framework for action. Projeto de Informação sobre População, Saúde e Nutrição da Agência dos Estados Unidos para a Cooperação Internacional. Desenvolvimento. Washington, DC: Autor.

Nações Unidas (1948). *Declaração Universal dos Direitos do Homem.* Recuperado em 11 de julho de 2005, de http://www.un.org/Overview/rights.html

USAID. (2009). Governo dos EUA e parceiros: Working together on acomprehensive, coordinated and effective response to highly vulnerable children. Washington, DC: Autor.

Van IJzendoorn MH, Bakermans-Kranenburg MJ, Juffer F. Plasticity of growth in height, weight and head circumference (Plasticidade do crescimento em altura, peso e perímetro cefálico): Provas meta-analíticas da recuperação maciça do crescimento físico das crianças após a adoção. Journal of Developmental and Behavioral Pediatrics. 2007;28:334-343. [PubMed]

Van IJzendoorn MH, Juffer F. The Emanuel Miller Memorial Lecture 2006. A adoção como intervenção. Provas meta-analíticas de recuperação maciça e plasticidade no desenvolvimento físico, socio-emocional e cognitivo. Journal of Child Psychology and Psychiatry. 2006;47:1228-1245. [PubMed]

Vorria P, Papaligoura Z, Dunn J, Van IJzendoorn MH, Steele H, Kontopoulou A, Sarafidou J. Early experiences and attachment relationships of Greek infants raised in residential group care. Journal of Child Psychology and Psychiatry. 2003;44:1208- 1220. [PubMed]

Whang & Hancock, (1994). Motivação e desempenho em matemática: Comparações entre estudantes asiático-americanos e não asiáticos. *Contemporary Educational Psychology,* 19, Pp.302-322.

OMS (2001). Documentos básicos. 43ª edição. Genebra, Organização Mundial de Saúde.

OMS (2001b). Saúde mental: nova compreensão, nova esperança. Relatório sobre a saúde no mundo.

Wolffe K 2000. Growth and development in middle childhood and adolescence (Crescimento e desenvolvimento na infância e adolescência). In: AJ.

Wrenn (1951). Guidance andcounselling .RetrievedOctober 25, 2011, from http://www.psvchology4all.com/counselingtrends.htm.

Wrenn (1951). Guidance andcounselling .RetrievedOctober 25, 2011, from http://www.psychology4all.com/counselingtrends.htm.

Zeanah CH, Smyke AT, Settles L.Children in orphanages. In: McCartneyK, Phillips D, editores. Blackwell handbook of earlychildhooddevelopment . Malden, MA: Blackwell Publishing; 2006. pp. 224-254.

Zeanah, C. H., Smyke, A. T., Koga, S., Carlson, E., & The BEIP Core Group. (2005). Apego em crianças institucionalizadas e da comunidade na Roménia. Child Development, 76, 1015-1028.

More Books!
yes
I want morebooks!

MIX
Papier aus verantwortungsvollen Quellen
Paper from responsible sources
FSC® C105338

Printed by Books on Demand GmbH, Norderstedt / Germany